우상파괴

우상파괴

초판 1쇄 인쇄 2023년 10월 12일
초판 1쇄 발행 2023년 10월 18일

지은이 윤동준
펴낸이 정해종

펴낸곳 ㈜파람북
출판등록 2018년 4월 30일 제2018 - 000126호
주소 서울특별시 마포구 토정로 222 한국출판콘텐츠센터 303호
전자우편 info@parambook.co.kr
인스타그램 @param.book
페이스북 www.facebook.com/parambook
네이버 포스트 m.post.naver.com/parambook
전화 (편집) 02 - 2038 - 2633 (마케팅) 070 - 4353 - 0561

ISBN 979-11-92964-59-1 (03300)
책값은 뒤표지에 있습니다.

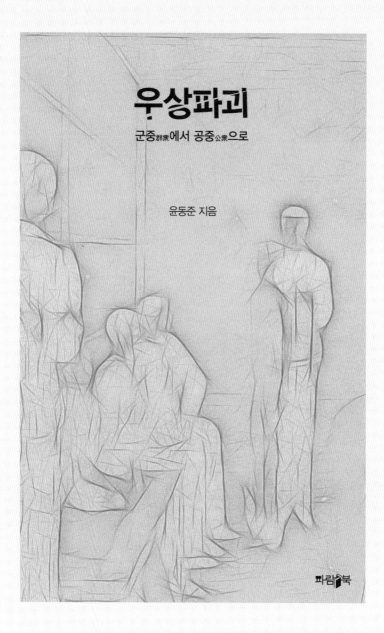

우상파괴

군중群衆에서 공중公衆으로

윤동준 지음

파람북

들어가며

———————————

———————————

미완(未完)의 이 책은 앞으로 쓰여질 제 모든 글의 서막입니다.

2022년 5월, 약 일주일 정도 잠잘 겨를도 없이 글을 적었습니다. 주체할 수 없는 몰입에 빠졌고 쌓아온 모든 경험과 지식이 떠올랐습니다. 어느 순간 기진맥진한 상태로 기절하듯 잠시 눈을 붙이고, 일어난 후에는 또다시 글을 적었습니다. 그렇게 이 책의 초고가 완성되었지만, 그 내용을 소화하기까지 약 1년이라는 시간이 걸렸습니다.

저는 궁핍함 없는 가정환경에서 주어진 지침대로만 살았습니다. 그러나 16살의 저는 조기 유학생에서 자퇴생으로 내몰리며 삶을 처음부터 다시 시작해야만 했습니다. 정해진 길과 안내가 없는 상태에서 그 무엇을 해도 제자리를 맴도는 것만 같았습니다. 나락에 떨어진 저는 자격지심에 차서 사람들과 대화하려 하지 않았습니다. 유일한 낙은 책을 읽는 것이었고 그렇게 수백 권의 책에 파묻혀 3년을 보냈습니다. 이후 마음을 다잡고 대입을 준비했지만 이조차 실패하게 되면서 저는 더 이상 갈 곳 없는 막장에 다다랐습니다. 그때 생각지 못한 도움의 손길들을 통해 미국 대입을 준비할 수 있었고 한 대학에서 학비 전액을 지원받게 되었습니다.

저는 끝이 보이지 않는 어두운 터널을 지나오기까지 저 혼자만의 노력이 있었다고 생각했습니다. 그리고 그러한 노력을 자랑스러워했습니다. 그러나 시간이 지나 터널의 출구를 돌아본 저는 누군가가 저를 위해 풀어준 자물쇠를 발견했습니다. 분명 터널의 끝까지는 혼자 가야만 했습니다. 하지만 터널의 출구를 연 사람은 제가 아니었습니다. 그때 저는 터널에서 나오기 위해 발버둥 쳤던 제 노력과 그에 대한 자부심을 내려놓았습니다. 그리고 저보다 먼저 터널을 지나 문을 열고 저를 이

끌어 준 수많은 이들의 도움에 감사와 책임을 느꼈습니다.

이 책에서 다루고자 하는 주제는 제 짧은 연륜으로 기술하기에는 그 한계가 분명합니다. 그럼에도 불구하고 저는 앞으로 더 치열하게 질문하고 답을 찾아갈 것임을 약속하며 이 책을 씁니다. 이 책은 예상치 못한 수많은 변화를 맞닥뜨리며 끊임없이 솟구치던 질문들에 답하기로 결심한 저의 외침입니다. 또한 좌충우돌하며 이리저리 굴리고 깨져서 몸서리치고 있을, 지난날의 저를 꼭 닮은 당신이 터널의 끝에서 세상과 마찰을 일으키기 바라는 저의 간절한 소망입니다.

끝으로 흔들렸던 저를 믿어주고 붙잡아 준 어머니와 가족 그리고 제게 격려를 아끼지 않은 파람북 출판사의 정해종 대표님께 감사드립니다.

차례

파괴의 조건들

"만일 사람들이 줄곧 낙관적인 가설에 따라 행동한다면, 그 가설이 현실로 나타날 가능성이 커진다. 반면에 비관적인 가설에 따라 행동한다면, 인류는 결핍의 함정에서 쉽게 빠져나오지 못하게 될 것이다." - 존 메이넌드 케인스[1]

---

1   존 메이넌드 케인스, 『설득의 에세이』 p.6. 부글북스 출판.

우리는 그 어느 때보다도 불확실성이 현재를 지배하는 시대를 살아가고 있습니다. 프랑스의 사회학자 피에르 부르디외는 그러한 불안정하고 불확실한 현재가 낳은 가장 최악의 결과는 사람들에게서 희망을 빼앗은 것이라고 진단했습니다. 그의 말대로 우리는 감당하기 힘든 현재에 대항하기 위해 필요한, 특히 집단적으로 대항하기 위해 필요한, 미래에 대한 합리적인 예측을 통해 생기는 '희망'이 허락되지 않는 시대의 한가운데 서 있습니다. 희망이 없는 시대를 살아가는 사람들에게 불확실한 미래는 안식처가 아닌 위협입니다. 사람들이 "허무주의와 냉소주의, 근시안적 사고, 장기적인 인생 계획에 대한 무관심, 진부하고 이기적인 욕망, 삶을 일회성 행동으로 잘게 쪼개어 각 행동이 초래할 결과에는 아무 관심도 갖지 않고 최후의 한 방울까지 짜내어 즐기려는 경향"[2]을 보이는 것은 오히려 당연한 반응입니다. 그렇게 불안정한 현재가 불확실한 미래를, 불확실한 미래가 현실을 장악하지 못하고 되려 현실에 휘둘리는 무능력한 개인을 창조합니다.

2   지그문트 바우만, 『방황하는 개인들의 사회』 p.89. 봄아필 출판.

이러한 현상을 타파하기 위해서 우리에게는 새로운 자기실현적 예언이 필요합니다. 그리스 신화 속 테베의 왕 라이오스는 델포이 신전에서 아들 오이디푸스가 '아버지를 죽이고 어머니와 동침할 것이다'라는 신탁을 듣고 자신의 어린 아들을 버렸습니다. 양부모를 친부모로 알고 자란 오이디푸스는 후에 같은 신탁을 듣고 운명을 막기 위해 양부모를 떠났지만, 결과적으로 친부를 죽이고 친모와 동침하면서 예언이 이루어집니다. 지금 우리에게는 이처럼 벗어날 수 없는, 그래서 비극적인 오이디푸스의 예언과는 다른 예언이 필요합니다. 미래를 장악할 수 있는 힘이 우리에게 있다는 예언 말입니다. 하지만 미래에 대한 불확실성을 제거하고 미래를 안식처로 만들 수 있는 합리적인 시각은 현재의 불확실성을 장악할 수 있는 능력이 있어야 가능합니다. 그리고 그러한 능력은 현재를 장악할 수 있다는 믿음으로 인한 노력에서 얻어질 수밖에 없습니다.

그렇다면 여기서 중요한 질문은 '우리'가 누구인가 하는 것입니다. 이러한 예언에 맞추어 행동을 현실화할 주체는 누구일까요? 그들은 새로운 토대 위에 태어난 새로운 세대일 수밖에 없습니다. 새로운 답은 새로운 토양에서 나와야 하기 때문입니다. 그러나 이 주체, 21세기의 새로운 세대는 서로를 이방인으로 바라보고 있습니다. 서로를 사회적 책임을 분담하는 동료 시민이 아닌 경쟁자로 바라보고 있습니다. 그들의 만남은 "단 한 번으로 그치는 '다음 편에 계속'되지는 않는 이야기, 미처 끝내지 못해서 다음번으로 미루는 법 없이 이야기가 시작된 바로 그 현장에서 지체 없이 완결되는 이야기"[3]로 종결되며 불확실한 현실을 장악할 시도조차 시작하지 못하고 있습니다. 연대 없는 개인의 힘은 결코 현실을 바꿀 수 없는데도 말입니다.

미국의 제2대 대통령 존 애덤스의 증손자이자 언론인이었던 헨리 애덤스는 자신의 회고록에서 이러한 말을 남겼습니다. "1854년의 미국 소년은 1900년보다는 서기 1년에 더 가까웠다." 그리고 이 말은 지금 이 시대에도 적용될 것입니다. "2000년의 소년은 2100년보다는 서기 1년에 더 가까웠다." 그 어느 때보다 불확실성이 커진 이 시대가 가까운 미래에 문명사적 변화를 낳을 것입니다. 그렇기 때문에 우리는 그러한 급진적 변화가 나올 시대에 걸맞은 새로운 사회의 초석을 발견해야만 합니다. 달리 말하면 지금 우리 세대에게 희망은 선택이 아닌

---

3 지그문트 바우만, 『액체근대』 p.155. 강 출판.

요구입니다. 이러한 상황에서 연대하지 못하고 뿔뿔이 흩어져 자신만의 세계에 몰두하는 것은 미래를 꿈꾸지 않고 모든 것을 포기해버리는 것과 같으며 동시에 시대적 요구를 무시하는 태도입니다.

우리가 서 있는 토대는 지금이라는 미래를 향해 노력한 선대의 산물입니다. 영국의 사회학자 지그문트 바우만에 따르면 '문화'란 순간적이고 덧없는 인간의 삶과 행위에서 영속성이라는 견고한 핵심을 걸러내는 것에 다름이 아닙니다. 그것은 순간성에 지속성을, 단절에서 계속성을 불러내고, 그리하여 유한한 삶을 살아야 하는 인간이 종족의 불멸성을 위해 일하게 함으로써, 언젠가는 죽어야 하는 개인의 한계를 극복하는 작업입니다.[4] 그러한 개인의 한계를 극복하는 '문화'라는 작업은 영속성을 발현시킴으로써 각 세대는 문명을 처음부터 가꾸지 않게 되었습니다. 그러한 선대의 토대 위에서 살아가는 우리에게는 그 작업을 계속해서 이어나가 새로운 미래를 만들어 나가야 한다는 책임이 있습니다. 우리는 현재만이 아닌 앞으로 태어날

---

4   지그문트 바우만, 『액체근대』 p.203. 강 출판.

모든 사람들의 삶에 대하여 책임을 져야 합니다.

그런데 작금의 그 주체는 책임을 방관하고 있습니다. 물려받은 유산에 심취해 재산을 흥청망청 쓰면서 미래에 대한 책임을 방관하고 있습니다. 저는 우리가 어떠한 책임을 방관하고 있는지 진단해 보았습니다. 그러한 진단은 고통받는 자들이 "자신들의 고통을 사회적 원인과 결부시킬 수 있다는 점"[5]을 발견하게 도와줄 것입니다. 그리고 그러한 인식이 생긴다면 우리는 서로의 고통에 대한 공동의 책임과 목표를 세울 수 있을 것입니다. 2022 아시아미래포럼에서 하버드 대학의 사회학자 로버트 퍼트넘은 "도덕적 협력, 연대의 문화가 선행하고 뒤이어서 정치·경제의 변화가 나타났다"라고 짚었습니다. 그의 말대로 사회의 변혁은 전문가의 정책 이전에 도덕적 협력, 연대의 문화를 만들어 낼 개개인을 필요로 합니다. 그리고 저는 지금 이 시대에 걸맞은 도덕적 협력과 연대의 문화를 만들어 내야 할 개개인은 군중이 아닌 공중의 정신을 갖추고 있어야 한다고 생각합니다.

5   지그문트 바우만, 『액체근대』 p.343. 강 출판.

군중은 사회와 자신의 내면에서 절대시되는 낡은 가치들, 곧 우상을 파괴함으로써 공중이 될 수 있습니다. 제가 정의한 우상은 영웅을 숭배하는, 고통을 방관하는, 승자독식주의를 추구하는, 자유를 보장하는 규칙을 무시하는 행동입니다. 그러한 행동이 축적된 집단은 적자생존을 보장하는 교육, 보편적 윤리를 무시하는 부족주의적 공감, 책임을 방임하는 신념윤리, 교양을 파괴하는 전문가주의, 다원주의를 간과하는 상대주의, 허무감을 발생시키는 이기주의, 이성을 얕보는 직관이 뿌리를 두는 전근대적 사회를 조장합니다. 역사는 변증법적으로 진보하며 과학은 패러다임의 전환을 통해 발전한다는 것은 불문율입니다. 이는 곧 하나의 전제는 미래의 새로운 전제의 토양에 불과할 뿐, 절대시 될 수 없는 가치임을 의미합니다. 그렇기 때문에 이러한 낡은 우상들은 새로운 토양을 가꾸기 위해서라면 반드시 파괴되어야만 합니다.

현실의 문제를 임시방편에 불과한 과거 군중의 해결책으로 봉합하려 하면 오히려 심각한 문제를 낳을 수밖에 없을 것입니다. 그렇기에 우리에게 필요한 것은 새로운 시대에 걸맞은 새로운 해결책입니다. 그래서 새로운 시대에 태어난 우리는 새로운 사명을 발견해야 합니다. 우리는 세계화된 시대에 태어난 최초의 세대입니다. 우리는 위대한 동료 세계 시민이 되어야 한다는 목표를 이루어야 합니다. 우리의 성취가 후대가 서 있을 지금까지와는 완전히 다른 새로운 사회의 초석이 될 것입니다.

지그문트 바우만은 이런 말을 남겼습니다. "모든 순간이 역사적으로 결정적이며 중요하다."[6] 그의 말대로 역사는 모든 순간 중요하며 그 미래가 매 순간 선택됩니다. 어떠한 미래를 선택할지는 지금 이 순간 우리의 선택에 달렸습니다. 그리고 우리는 지금까지와는 다른 선택을 해야 합니다. 그 선택의 출발점은 밖이 아닌 안, 바로 나 자신으로부터의 변화로 시작되어야만 가능합니다. 그러나 가능성을 안고 현실의 대지 위에 서 있는 것만으로 변화는 일어나지 않습니다. 구체적으로 인간의 변화는 어떻게 해야 가능할까요? 모두에게 그럴싸한 다른 답이 있겠지만, 확실한 것은 변화는 정지하지 않을 때 일어난다는 것입니다. 앞으로 가거나 뒤로 가는 것은 중요하지 않습니다. 움직이고자 선택할 때 비로소 변화는 시작됩니다.

---

6   지그문트 바우만, 『희망, 살아있는 자의 의무』, 궁리 출판.

우리 내면에 잠자고 있는 지나간 세계를 반성할 양심, 새로운 세계를 향해 좌충우돌하며 걸어갈 용기를 깨워야 할 때입니다. 때로는 현명한 전진이기를 바라며, 때로는 신중한 후퇴일 거라 여기며 움직이기를 멈추지 않아야 합니다. 비록 그 움직임의 대부분이 부끄러움을 가져올지라도 우리는 다시 일어서야만 합니다. 우리는 새로운 미래를 창조하기 위하여 멈추지 않고 노력해야 합니다. 그리고 초원이 아닌 황무지의 현실에서 나약해지지 말라고, 배부른 돼지보다는 배고픈 인간이 되라고, 현실을 방관하지 말고 직시하라고 수십 세기 전부터 내려온 현인들의 행동강령을 무시해서는 안 됩니다. 또한 불확실한 세상을 완벽하게 통제하고자 하는 사유의 감옥, 그 미로에서도 탈출해야 합니다.

우리에게 필요한 것은 더 이상의 지식이 아닙니다. 우리는 이미 고대의 철학자들과 혁명가들이 읽은 글보다 무수히 많은 양의 글을 읽고 지식을 터득했습니다. 우리가 그들과 같은 괄목할 만한 변화를 가져오지 못하는 이유는 지식이 부족하기 때문이 아니라 행동이 부족하기 때문입니다. 현실과 접점이 없는 지식은 상아탑의 지식입니다. 행동하지 못하게 하는 사유의 감옥에서 벗어나 나약함을 버리고 있는 그대로의 현실과 부딪

히면서 살아가지 않으면 우리에겐 도태라는 선택지밖에 남지 않습니다. 두려움에서 나오는 통제의 욕구를 내던지고 미래라는 불확실성과 함께 살아갈 수 있는 용기를 갖게 될 때 우리는 상상력을 가둬버리는 족쇄에서 풀릴 수 있을 것입니다. 그리고 지금과는 다른 세계를 상상할 수 있을 것입니다. 그래야 주저함을 벗어 던지고 세계를 바꿀 힘을 낼 수 있을 것입니다.

　변화한 세계는 지엽적으로만 통용되는 법을 극복할 수 있을 것입니다. 빈곤 포르노에 의존해 외화를 비축하는 개도국의 비인간적 현실을 외면하지 않을 수 있을 것입니다. 사적 복지에만 관심을 두고 복지가 태동한 원인에는 무관심한 군중을 과거의 망령으로 만들 수 있을 것입니다. 태어난 환경에 인생의 폭이 결정되지 않고 무력감에서 벗어나 '어떻게 윤리적이고 당위적으로 살아야 하는가?'에 대한 답을 얻은 공중을 사회의 다수로 만들 수 있을 것입니다. 그러나 목표는 언제나 계획대로 이루어지지 않기 때문에 우리는 현실이 오로지 우리의 능력에 기반한 결과라 여기며 자만하지 않아야 할 것입니다. 저 또한 과거를 돌아보면 계획대로 이루어진 일이 없습니다. 우리는 그저 주어진 상황을 직시하며 노력할 뿐입니다. 하지만 역사는 필요한 때에 필요한 것을 만나게 해줍니다. 그런 우연과

기적의 연속적인 발현으로 지금까지의 과거가 현재에 다다랐습니다.

인간이 오롯이 자신 스스로 이룬 것이 하나라도 있을까요? 우리는 주어진 조건에서 선택할 뿐입니다. 그리고 그 조건들은 우리가 마련한 것이 아니고, 지혜로운 선대가 그러한 조건들과 후대의 선택을 예측한 것도 아닙니다. 우리 모두 확실하게 아는 게 아무것도 없습니다. 그러나 약하고 흔들리는 군중은 언제나 자신과 똑같이 무지한 타인을 모방하며 삶의 문제를 해결하고자 합니다. 하지만 삶의 문제는 모방으로 해결되지 않습니다. 19세기 미국의 시인 에머슨은 말했습니다. "부러움은 무지에서 나오고, 모방은 자살행위다."[7] 우리가 그렇게 답을 갈망하는 삶의 근원적인 질문, "나는 어디서 왔고, 나는 무엇이며, 나는 어디로 가는가?"에 대한 답은 모방함으로써 구해질 수 없습니다. 그에 대한 답은 오로지 자기 자신과의 대화를 통해서만 발견할 수 있습니다.

---

[7]   랄프 왈도 에머슨, 『자기 신뢰』 p.15. 현대지성 출판.

이제 가장 중요한 선택을 내려야 할 때입니다. 우상을 파괴하는 것, 군중의 정신을 파괴하는 것, 모방하기를 멈추고 자기 자신과 정면으로 마주하여 대화하겠다는 선택을 내려야 합니다.

1부

드러난 우상

1

의견

군중이 선택한 은신처

토머스 그레셤은 16세기 영국의 무역상으로서 런던 거래소를 설립하고 영국 여왕 엘리자베스 1세에게 재정고문관으로 임명될 만큼 당대에 실력을 인정받았던 사람입니다. 그는 1588년에 여왕에게 재정상의 충고를 담은 서한을 바쳤습니다. 그 서한의 첫머리에 '악화(惡貨: 지금(地金)의 가격이 법정 가격보다도 낮은 화폐)는 양화(良貨: 품질이 좋은 화폐. 실제 가격과 법정 가격의 차이가 적은 화폐)를 구축(驅逐: 어떤 세력 따위를 몰아서 쫓아냄)한다'(The bad money drives out the good money)란 말을 적었습니다. 여기에서 '그레셤의 법칙'이라는 용어가 태어났습니다. 그 당시에 영국을 비롯한 유럽에는 지폐가 없었고 화폐는 은화(銀貨) 아니면 동화(銅貨)였습니다. 그는 재정상의 궁핍을 덜기 위해 명목가치와 실질가치가 같은 은화만 발행하는 것이 아니라 실질가치가 명목가치에 견줘 현저히 떨어지는 동화도 발행할 경우 귀금속으로서의 가치가 큰 양화인 은화는 녹여지거나 해외로 유출되어 어느새 은화는 자취를 감추고 악화인 동화만 시중에 유통되게 되어 경제는 어려움을 겪게 될 것이라고 예측했습니다.

정보화 사회에서 엄청나게 많은, 그러나 질이 떨어지는 정보들이 사이버 공간에 나타나 실제로 올바르고 바른 정보가 구축(驅逐)될 때도 이 말이 통용됩니다. 미국 MIT의 과학자 데브 로이는 대중이 가짜 뉴스를 공유하는 횟수가 진짜 뉴스보다 70% 많다고 분석했습니다.[8] '그레셤의 법칙'은 오늘의 세상이 돌아가는 원리이자 우리가 세상을 살아가는 방식입니다. 양화를 구축하고 악화만을 남기는 '그레셤의 법칙'이 통용되는 세상을 비판하고 다른 세상을 꿈꾸는 자들은 누구인가요? 양

8 Soroush Vosoughi et al. ,The spread of true and false news online.
Science359, 1146–1151(2018). DOI: 10,1126/science,aap9559

화를 갖지 못한 약자들입니다. 하지만 약자들 또한 양화를 얻게 되면 강자와 별반 다를 바 없이 '그레셤의 법칙'에 놀아나 악화를 세상에 유통시키기 일쑤입니다. 당장의 권력을 추구하기 위해 악화를 유통시키고 자유라는 양화를 구축한 사람은 마침내 자신에 대한 권리를 상실할 뿐인데도 말입니다.[9]

역사적으로도 갈릴레오의 과학이 기관총을 발명해 학살에 이용되거나, 베드로의 가톨릭이 원시적인 문명에 대한 학살을 정당화하는 데 이용되는 등, 양화가 구축되며 악화가 세상에 퍼진 현상이 보인 적이 있습니다. 마치 양화가 악화로 인해 구축되고 경제가 망가지듯 인간을 행복하게 하려고 태어난 제도와 기술은 군중에게 추종되는 과정에서 계량적인 도구성에만 몰두한 나머지 결과적으로 인간을 고통에 빠뜨렸습니다. 이처럼 역사에서 되풀이되었듯 목표가 사라지고 수단을 목표로 삼으면, 과거의 제도나 기술이 만들어 낸 세상에 안주하고 자유로운 사색과 상상을 포기하고 새로운 제도나 기술을 만들 생각을 멈춘 사람이 다수를 차지하면 양화는 구축되고 세상은

9   프란시스 베이컨, 『베이컨 수필집』 p.47. 문예출판사 출판.

위기에 처하게 됩니다.

　양화가 구축되는 상황에 대항하기 위하여 우리는 양화를 계속해서 새롭게 만들 수밖에 없습니다. 그러나 새로운 양화를 만들기 위해서 필요한 삶과 세상에 대한 새로운 앎을 추구할 용기를 가진 자들이 적습니다. 그러한 용기가 없는 자들은 세상의 중요한 것들을 '따르기만' 하고 결코 '이해하려고' 하지 않습니다. 그들은 우리가 추구해야 하는 사회는 어때야 하는지, 우리 사회가 어떤 점에서 다른 사회보다 더 나은지 질문하면 불안감을 느낍니다. 왜냐면 진지하게 질문해 본 적이 없기 때문입니다. 그들은 '그것이 왜 중요하냐?'라는 질문에 그저 누가 그렇게 말했다고, 그냥 그렇다고 답하기 일쑤입니다. 소크라테스는 그러한 부류의 속성에 대하여 다음과 같이 말했습니다.

　"우리는 그들이 아름다운 것과 그 밖의 다른 것에 대한 대중의 수많은 기준이 존재하지 않는 것과 존재하는 것 중간 어디쯤에서 맴돈다는 것을 발견한 것 같네. (중략) 그리고 앞서 만약 그런 것이 나타난다면 그것은 의견의 대상이지 지식의 대상이 아니며 중간에서 떠도는 것은 중간 능력에 의해 파악되어야 한다는 데에 합의했다네. (중략) 그렇다면 수많은 아름다운 것과 올바른 행위 등에 대하여 어떤 사람이 안내를 해도 아름다운 것 자체와 정의 자체를 보지 못하는 사람은 이 모든 것에 대해 의견은 가질지라도 자신의 의견에 대해 아무것도 모른다고 우리는 말할 것이네. (중략) 우리가 그들을 지혜를 사랑하는 사람이라기보다 의견을 사랑하는 사람이라고 불러도 잘못은 아니겠지?"[10]

소크라테스가 논한 '의견을 사랑하는 사람'은 선동가에게 놀아나기 쉽습니다. 그들은 선동가들과 함께 나치와 일본 전범을 욕하지만, 지금은 고인이 되어버린 조부모 세대의 투표로 만들어진 나치와 일본 전범과 별반 다를 바 없는 권력의 참상에 대해서는 무지합니다. 대중을 비판하는 기사를 보고 '좋아요' 몇만 개를 눌러대면서 자기는 그런 부류의 사람이 아니라는 듯이 동조하고, 반대로 대중이 지혜롭다는 기사를 봐도 '좋아요' 몇만 개를 눌러대며 우리는 지혜로운데 윗사람들이 문제라고 말합니다. 그들은 자신이 쓰고 있는 모순적인 가면들을 알아차리지 못합니다. 예를 들어 '하는 일이 동일하다면 비정규직에 대한 차별을 없애고 정규직과 동일하게 대우해야 한다

---

10   플라톤,『국가』p.337~338. 숲 출판.

는 의견에 찬성하는가?'라는 질문에 찬성한다고 답하고 '어렵게 취업 준비를 해서 정규직으로 입사한 사람과 그렇지 않은 비정규직 근로자들의 차등 대우는 불가피하다'라는 주장에도 찬성합니다. 그들은 중요한 사안들에도 일관성 없는 의견을 낼 수 있는 바람 앞의 갈대 같은 사람, 줏대 없는 모순덩어리의 몸만 커버린 순진한 어린아이입니다. 17세기 네덜란드의 철학자 스피노자는 이들의 태도를 이렇게 설명했습니다.

"그들은 자신의 소망과 욕망을 의식하고 있기에 스스로가 자유롭다고 여기나 무지의 상태에 있기 때문에 자신이 소망하고 욕망하게 하는 원인이 무엇인지에 대해서는 꿈에도 생각하지 않는다."

이런 부류의 사람을 군중(群象: 공통된 규범이나 조직성 없이 우연히 조직된 인간의 일시적 집합)이라고 부릅니다. 20세기 스페인의 철학자 오르테가 이 가세트의 말을 빌리자면 그들은 타인과 똑같다는데서 기쁨을 누리는 사람들입니다. 신분이나 계급과는 상관없이 자신이 평범한 사람인 줄 알고 있으며 자신들의 주장을 관철하려 하고 의견이 다른 사람은 배제하려 드는 사람들입니다. 타인의 주장에 의지하는 군중은 항상 모든 의견에 동의할 준비가 되어 있습니다. 그래서 군중은 실질적인 발전의 도모에는 쓸모없는 숫자놀음이나 잡담을 하며 선동가들이 다수의 이익을 앞세운 채 자신의 이익을 도모하는 것도 알아채지 못합니다.

20세기 미국의 실용주의 철학자 윌리엄 제임스는 군중의 실없는 논쟁에 대하여 냉소를 보냅니다. 그는 아무리 추적해봐도 실질적 차이가 없다면 어느 한쪽을 택한다 해도 실제로 같은 것일 뿐이므로 그러한 논쟁은 쓸데없다고 말합니다. 논쟁이 심각해질 때마다 한쪽 또는 다른 쪽이 옳다면 어떤 실질적 차이가 있는지 보여줄 수 있어야 합니다.[11] 그러나 군중은 자신의 경험에만 의존하는 오만함 때문에 실질적인 차이가 있는 논증을 가질 수 없습니다.

군중은 '상대주의'라는 이름을 빌려 중동의 초등학생들이 노인과 결혼하는 현실을 방관합니다. 어린 시절에 중국과 브라질에서 날아온 대두로 만든 음식을 먹으면서 가졌던 행복했던 기억은 추억하면서도 그 국가의 대다수 어린이는 폭력과 불공정한 사법제도에 노출된다는 사실은 일절 생각하지 않습니다.

---

11 윌리엄 제임스,『실용주의』p.257. 아카넷 출판.

당사자 아닌 자가 해결하기 어려운 문제이니 그저 모른척하자거나 그들도 그들의 환경에서 나름 최선의 삶을 살기에 그 자체로 아름답다는 어처구니없는 말로 대충 얼버무리는 태도는 무지한 것보다 더 비열하게 비도덕적이며 무자비한 것일 뿐입니다. 일말의 관심, 최소한 그것이라도 주지 못하면 인간은 짐승에 불과합니다.

군중은 미래학자들이 예언하는 '2030년이면 빈곤이 사라지고 2100년에는 물질적 궁핍으로부터 인류가 해방될 것'이라는 낭만적 통계에 취해 축배를 들고 안심합니다. 분명 언젠가는 살육이 사라진, 복리와 자유경쟁이 어우러진, 서로에 대한 배려가 넘쳐나는 이상적인 사회가 도래할지도 모릅니다. 그러나 군중은 아테네 민주주의, 로마 자치정부, 베네치아 공화국, 스페인 공화국, 일본 다이쇼 데모크라시를 무너뜨린 전례가 있습니다.

산업혁명으로 쌓은 부를 상류층이 독식했던 초기 영국의 산업사회와 벨 에포크 시대 프랑스에서 유토피아가 도래한다고 상아탑에서 노래하던 식자들이 맞닥뜨린 1차 세계대전은 영원하고 확실한 것은 없다는 불변의 법칙을 깨닫게 해주었습니다. 알베르 카뮈의 말처럼 정의도 패배할 수 있고 무력이 정신을 굴복시킬 수 있으며 용기를 내도 용기에 대한 급부가 전혀 없을 수도 있습니다. 20세기 영국의 역사학자 허버트 피셔의 말대로 진보는 자연법칙이 아닙니다. 한 세대가 이룬 것을 다음 세대에 가서 얼마든지 잃을 수 있습니다.

우리가 과거를 무시함으로써 감수해야 할 것들이 있습니다. 예를 들면 가장 중요한 선대의 성취를 정글의 밀림처럼 당연히 존재하는 것으로 여기고 쉽게 파괴함으로 입는 피해, 물려받은 파괴된 도구들로 현재를 망나니처럼 살아가며 입는 피해입니다. 무엇보다도 큰 피해는 역사와 철학을 배우지 않아서 생기는 피해입니다. 시시포스에게 내려진 무한반복의 노동이라는 천형처럼 무한히 반복하는 피해입니다.

문명을 착취하는 군중은 자신의 행동이 세상에 아무런 영향을 끼치지 못한다고 생각하기에 그 어떤 짓도 용납될 것이라고 착각하는 것일까요? 철학자 오르테가는 그러한 군중을 이렇게 비판했습니다.

"'자만에 빠진 철부지'의 특징은 어떤 일을 해서는 안 된다는 것을 '알면서도' 말과 행동으로는 반대의 확신을 꾸며대는 것이다. (중략) 대중 생활의 기조를 이루는 것은 '불성실'과 '농담'이다. 그들은 매사에 필연성을 염두에 두지 않고 '부모 슬하의 철부지'가 장난을 치듯 가볍게 처리한다. 그들이 삶의 모든 영역에서 비극적이고 결론적인 단호한 태도를 서둘러 채택하는 것은 단순한 겉치레일 뿐이다. 그들은 문명 세계에 진정한 비극은 존재하지 않는다고 믿기 때문에 비극을 연기한다."[12]

군중은 '내가 아무것도 안 하더라도 다 잘 될 것이다'라는 낭만적인 믿음을 가집니다. 공적 가치와 제3세계 구제와 공교육에 무관심하면서도 진보란 거스를 수 없는 흐름이라고 믿습니다. 그래서 그들은 세상은 언제나 실패하지 않고 발전할 것이라고 말합니다. 군중은 자신이 원하는 대로 자유롭게 일할 수 있고 직장 상사가 마음에 들지 않으면 언제든지 떠나 다른 일자리를 찾을 수 있는 권리가 있다고 믿습니다. 근면하기만 하면 누구나 기업가가 될 수 있으며 노점상도 대규모 공장주에 못지않은 기업가라고 믿습니다. 전 세계의 초등학생 중에서 대학까지 진학하는 학생이 절반도 안 되고 뒷돈을 줘야 교실 앞줄에 앉혀주는 학교가 아직도 존재하고 있음에도 교육의 보

---

12   오르테가 이 가세트, 『대중의 반역』 p.153. 역사비평사 출판.

편적 권리가 보장되고 있다고 말합니다. '내가 누군지 알아?'라는 식의 부조리가 아직도 만연한 줄 알면서도 모든 개인이 똑같이 존엄하고 평등함을 믿는다고 말합니다. 그들은 자신이 무슨 말을 하고 있는지 전혀 모릅니다.

군중은 인권이 권력자가 누군가에게 '주어야' 하는 것이라는 착각 속에서 자신의 애완동물에게조차 필요한 생존의 권리를 이웃에게는 인정하지 않습니다. 사회 구조의 문제를 보기보다는 개인의 문제만을 봅니다. 나에게 이익이 되지 않다고 판단되면 당장의 현상을 유지하라는 굴레를 사회변혁가들에게 씌웁니다. 그들은 평소 공익이 실현되지 않는다고 울분을 토하지만 정작 자기 지역에 쓰레기장이 건설되면 사익을 위해 울부짖습니다. 그들은 자신의 자유가 내린 행동에 책임은 지지 않으면서 권리주장만을 합니다. 애초에 자신의 행동에 책임을 질 수 없는 사람입니다. 왜냐면 그들에게는 자유에 의한 행동이 없기 때문입니다. 그들의 자유란 운동경기장의 관람객들에게 아무 때나 손뼉 칠 기회를 주는 것처럼 의미 없는 자유입니다. 그렇기 때문에 군중에게는 삶의 주인공이 아닌 관중의 역할만이 있습니다.

군중은 동요하고 의지하고 집착합니다. 세상은 인위적인 편법으로 통제되지 않지만, 군중은 자신이 만든 허구의 창조물이 세상을 통제한다고 착각합니다. 편법의 제도 위에서 그들도 나름의 경험과 분별력을 키웁니다. 그래서 쓸모 있는 결혼제도, 사법제도, 사회보장제도, 환경규제제도, 조세제도 같은 것들을 지켜나가기도 합니다. 그러나 그들의 지혜와 유효성은 그다지 넓다고 할 수 없는 한계 안에 있습니다. 그들은 유용한 규범과 제도를 '따라갈 수'는 있지만 절대로 '창조'하지는 못합니다. 그렇기 때문에 그들은 양화를 만들어내지 못하고 악화를 유통시킵니다.

2

영웅

남용되는 진통제

한순간 모든 지식이 연결되어 하나의 결론을 향해 정리될 때
가 있습니다. 시카고 대학교의 심리학자 미하이 칙센트미하이
는 그 순간을 '몰입'이라고 표현했습니다. 그것은 고타마를 보
리수나무 아래에서, 모세를 시나이산에서 내려오게도 했습니
다. 고타마와 모세의 '몰입'은 우리에게 깨달음의 길과 십계명
을 안겨주었습니다. 바로, 이러한 과정으로 원시인 호모 사피
엔스는 동굴의 벽에 그림을 그리고 그것을 토대로 상형문자를
만들어 자신들의 깨달음과 지식을 후대에 전달한 것 아닐까

요? 문명의 선각자인 그들에게 감사할 뿐입니다. 그러나 이러한 깨달음의 순간과 지혜의 미덕이 항상 좋은 결과만을 내놓지는 못했습니다. 인간이 서로를 혐오하고 죽이도록 내몰기도 했으니 말입니다.

예컨대 십계명을 믿은 십자군은 1095년부터 1291년까지 예루살렘을 중심으로 한 레반트 지역의 지배권을 놓고 종교를 핑계 삼아 사악함의 극치를 보인 전쟁을 일삼았습니다. 십자군 전쟁은 유태인과 이슬람인 그리고 심지어 같은 편도 살육한 끔찍한 전쟁이었습니다. 또한 석가모니의 깨달음을 믿은 태국의 승려들은 공금 수백만 달러를 횡령하고 조직폭력배와 결탁하기 일쑤입니다. 법명이 넨캄(Nen Kham)인 태국 고위 승려는 10억 바트(한화 약 330억 원)의 재산과 문란한 사생활 등이 알려지자 미국으로 도피한 국제범죄자입니다. 그는 미국에서도 종단을 만들고 절을 5개나 운영하며 호화생활을 계속하였습니다. 결국 태국 특별수사국으로부터 사기와 돈세탁, 컴퓨터범죄법 위반, 어린이 유괴와 성관계 등 혐의를 받고 미국에서 체포되었습니다.

깨달음의 순간과 지혜의 미덕이 항상 선한 결과를 만들어

내지 못하는 진짜 이유는 무엇인가요? 아마도 사람들에게 절대권력을, 영웅을 찬양하는 광기를 심어주었기 때문일 것입니다. 절대권력이라는 심연을 들여다보면 그 심연 또한 우리를 거울처럼 들여다봅니다. 절대권력은 그 자체로 그것의 숭배자들을 부패하게 만듭니다. 역사적인 사건들의 중심에는 항상 어떠한 영웅이 있었습니다. 우리는 부패한 카이사르에 대항하여 브루투스[13]라는 영웅을 만들었습니다. 부패한 프랑코에 대항하며 카를로스[14]라는 영웅을 만들었습니다. 부패한 팔라비 왕조에 대항하며 라흐바르[15]라는 영웅을 만들었습니다. 부패한 교

---

13 카이사르가 총애하던 인물이었지만 독재관이 된 카이사르의 반대파들이 카이사르의 암살을 모의하며 브루투스를 선봉에 세워 쿠데타를 일으켰다.

14 프랑코 장군은 스페인 내전에서 승리하여 권력을 쥐고 민주주의 탄압과 군사독재로 철권통치하였다. 1975년 프랑코 총통의 사망으로 스페인의 권력은 프랑코에 의해 옹립된 후안 카를로스 1세 국왕에게 넘어가 1931년에 폐지되었던 왕정이 복고되었다. 이후 카를로스 국왕은 프랑코 체제 해체를 반대하는 군부세력의 쿠데타를 저지하며 스페인 민주주의의 수호자라는 호칭을 얻었다.

15 이란의 마지막 황제인 팔라비 2세는 영국과 미국 CIA의 사주로 자유주의 개혁 정치가 모하마드 모사데크를 실각시키고 빈부격차를 확대시키는 등 국정 운영에 실패했다. 이란 민중은 부패한 황제에 대항하여 아야톨라 루홀라 호메이니를 중심으로 이란 공화국을 세웠고 그는 초대 라흐바르가 되었다. 이란 공화국에서 신의 대리인을 뜻하는 이슬람 성직자인 라흐바르는 대통령 인준권과 해임권이 있기 때문에 실질적으로 최고 지도자이며 대통령보다 지위가 높다.

황에 대항하며 루터[16]라는 영웅을 만들었습니다. 부패한 차르에 대항하여 레닌[17]이라는 영웅을 만들었습니다. 이는 과학의 역사에서도 반복됩니다. 무지몽매한 중세의 기득권에 대항하여 '그래도 지구는 돈다'라는 허구의 혼잣말을 지어내 갈릴레오를 계몽주의의 영웅이자 선봉장으로 세웠습니다.

이러한 영웅에 대한 맹종은 순응적인 아이의 태도를 유지시켜 인간을 질문 없는 답에 길들여지도록 만듭니다. 19세기 독일의 교육학자이자 정치가인 빌헬름 훔볼트는 무엇이든지 인간의 자유스러운 선택에서 나오지 않는 것, 단지 지시와 지도의 결과인 것은 인간의 존재 속으로 들어가지 못한다고 경고했습니다. 정해진 답, 예컨대 지시와 지도를 통해 받아들인 것들을 사람들은 결코 진정한 열정을 갖고 수행하지 않습니다. 단지 정확하게 기계적으로만 이행할 뿐인 것들은 본성에 항상

---

16 독일의 신학자이자 종교개혁가. 본래 로마 가톨릭 수도회인 아우구스티노회 소속 수도사제였으나, 가톨릭 교리에 반발하여 1517년 95개 조 반박문을 발표하고 종교개혁을 일으켰다.

17 제정 러시아의 사회주의 혁명가이자 소련을 건국한 정치인. 러시아 제국의 혁명 조직인 볼셰비키의 지도자였으며, 소련 장관회의 초대 위원장 겸 소련 공산당의 창립자였다.

이질적인 것으로 남게 됩니다. 정해진 답에 맞춰 사유하도록 강요받는 환경이라면 관용, 다양성, 자유, 평화, 중용, 탐구 등과 같이 질문과 성찰을 통해서 만들어 가야 할 것들이 다시 사라진다 해도 별반 이상하지 않을 것입니다.

18세기 프랑스의 철학자 몽테스키외는 전제 정체 아래에서 행해지는 노예교육이 비단 군중만이 아닌 그들의 군주를 만들 때도 유용하다고 판단했습니다.[18] 그렇게 정해진 답에 순응하도록 만드는 노예교육은 폭군과 그의 지지자들을 만들 때도 유용하게 사용됩니다. 결국 대화를 통한 질문과 성찰의 교육이 부재한 곳에는 필연적으로 영웅에 열광하는 군중과 군주가 나타날 것입니다.

인간이라면 지극히 추구해야 할 호기심, 양심, 의심을 영웅에게 전가하고 그 가치들을 삶 속에서 실현한 영웅을 맹신할 때 우리는 언제나 도태합니다. 사람들의 지지를 얻은 영웅은 정치적 권력을 얻게 되고 시간이 지나면 영웅의 절대적 권력은 부패하고 또다시 사람들은 부패한 영웅을 심판할 새로운

---

18 몽테스키외, 『법의 정신』 p.57. 문예출판사 출판.

영웅을 기다리게 됩니다. 고통을 감내하기보다는 그 고통을 사라지게 만들어 줄 영웅을 고대하며 영웅을 향한 맹종의 쳇바퀴 속에 사람들은 스스로 갇힙니다. 그들은 맹종할 준비가 되어있으니 영웅에게 더 강력한 영웅으로의 변화를 요구합니다. 그러나 변화를 요구해야 하는 대상이 틀렸습니다. 존재하지 않는 영웅과 인격신과 성인군자가 아니라 자기 자신에게 요구해야 합니다. 20세기 영국의 과학철학자 칼 포퍼의 말처럼 맹종은 개인을 열등하고 미성숙한 자아에 묶어 둡니다. 인간은 독립적인 사유의 과정이 있어야 무엇이 왜 중요한지 이해하고 그 무엇을 지킬 수 있습니다.

19세기 영국의 역사학자 액턴 경이 말했듯이 절대권력은 반드시 부패하기 마련이고 현명한 독보적 권위자가 나타나 일시에 모든 것을 변화시키는 것은 불가능합니다. 완벽한 철인은 존재하지 않고 인류를 이끌어줄 초월자도 보이지 않습니다. 그러므로 완벽하지 않은 개인을 보완해줄 사회가 더욱 필요합니다. 다행히도 우리가 발을 딛고 선 민주주의라는 토대는 상호 보완적인 사회를 실현시킬 수 있습니다. 서로 다른 이들이 각자의 신념으로 서로를 해하는 것을 방지할 수 있으며 이미 그러한 역사를 만들어 냈습니다. 로마의 카이사르가 정적들을 학살하자 원로들은 그를 암살했고 각자의 목소리가 같은 힘을 가지는 민주 공화정의 꺼져가는 불씨를 잠시나마 연장시켰습니다. 스페인의 대중은 프랑코의 독재로 야권이 탄압당하자 그의 사후 민주 공화정을 다시 세웠습니다. 교황조차도 추기경들의 투표로 세워지며, 독재국가 이란의 라흐바르와 북한의 총비서도 명목상 투표를 통해 국가 최고 지도자로 선출됩니다.

영웅에 맹종하는 군중이 윈스턴 처칠이 주장한 '지금까지 존재했던 모든 정치체제 중에서 그나마 가장 덜 최악이라는 민주주의라는 체제' 안에서 가장 큰 위협이라는 점을 깨달아야 합니다. 왜냐면 군중은 자신이 영웅임을 자처하는 군중을 지도자로 선출하기 때문입니다. 자아도취와 영웅심리에 빠진 지도자만큼 위험한 적은 없습니다.

3

소유

결과로 낙인찍힌 원인

아직도 많은 사람이 각각의 생애에서 중세의 광기를 경험하고 있습니다. 감시, 처벌, 감금, 억압, 폭력, 주술, 기복, 미신과 같은 중세적 특징은 선진국의 가정과 학교와 직장에도 여전히 있습니다. 20세기 미국의 심리학자 매슬로가 주장한 '욕구 5단계 이론'에서 생리적 욕구, 안전의 욕구, 소속과 애정의 욕구, 존중의 욕구, 자기실현의 욕구를 차례대로 실현할 수 있는 환경에서 살아가는 사람들은 전체 인구의 극소수에 불과합니다. 영국의 정치철학자 존 그레이의 말처럼 생존을 위한 투쟁에서 진리를 추구하는 취향은 사치와 무능력으로 치부됩니다.[19] 이러한 투쟁의 환경에서 인간이 구도보다는 현실의 극단적인 해결책을 추구하는 것은 어쩌면 너무나 당연한 현상입니다.

부유한 나라의 시민이라면 큰 노력 없이도 누군가가 잘 만들어 놓은 규칙을 따라 평범한 일상을 당연한 듯 살아갑니다. 부유한 나라에 사는 중산층이라는 것이 인생의 보증수표는 아니지만, 제아무리 불행한 부자라 할지라도 가난한 사람보다는 행복합니다. 가난해도 행복할 수 있다고 설파하는 것은 일종의 정신적 허영입니다. 내가 빈곤층이 아니라고 빈곤층이 세상에서 사라진 것이 아닙니다. 내가 가난에서 빠져나왔다고 가난이 세상에서 사라진 게 아닙니다. 내가 괴롭힘에서 벗어났다고 괴롭힘이 세상에서 사라진 게 아닙니다. 또한 내가 고민을 끝내고 성숙해졌다고, 고민하는 사람들이 세상에서 사라진 것도 아닙니다.

각각의 정의의 실현은 자신의 승리에 도취하여 다른 정의

---

19 존 그레이, 『하찮은 인간, 호모 라피엔스』 p.48. 이후 출판.

의 실현을 방관하기 쉽습니다. 그러한 방관 뒤에 감추어져 지나쳐진 사실들이 많습니다. 저개발국이라는 환경에서 스스로 해결할 수 없는 억압에서 살아가고 있는 사람들이 넘쳐난다는 사실, 보릿고개를 겪는 동안 농부의 아이큐가 평소보다 20 이상 내려간다는 사실, 모든 학자는 의식주 걱정이 적은 계층에서 나왔다는 사실, 아직도 세계 인구의 대다수는 편견과 미신과 강압과 폭력에서 벗어나지 못했다는 사실. 이것이 바로 값비싼 재킷을 입은 뉴스룸의 리포터들이 시청률을 끌어올리기 위해 비극을 소재로 한 빈곤 포르노를 보도하는 쇼가 아닌, 실제 현실의 '불공정'과 '불의'입니다. 이러한 현실이 바뀌지 않고도 공중으로 다수인 세상은 이루어질 수 있을까요?

전 세계에 10명 중 7명은 하루 10달러도 벌지 못합니다.[20] 이 중 하루 5.5달러도 못 버는 취약계층은 34억 명이고[21] 하루

---

20   Rakesh Kochhar, "Seven-in-ten people globally live on $10 or less per day," Pew Research Center.

21   "Nearly Half the World Lives on Less than $5.50 a Day," The World Bank.

약 99센트로 연명하는 극빈곤층은 약 10억 명입니다.[22] 나열된 이 숫자 뒤의 얼굴들을 상상하기란 생각보다 쉬운 일이 아닙니다. 미국 뉴욕 대학교의 경제학자 윌리엄 이스털리는 이렇게 말했습니다.

"전 세계의 약 8억 4천만 명의 사람들은 먹을거리가 충분치 않다. 약 1천만 명의 어린이들이 쉽게 예방할 수 있는 질병을 원인으로 매년 죽어간다. 에이즈는 일 년에 약 3백만 명의 인명을 앗아가고 있으며 지금도 확산 중이다. 전 세계 약 10억의 인구가 깨끗한 물을 마시지 못하고 있고 약 20억의 인구는 공중위생이 결여된 환경에서 살고 있다. 또한 약 10억 명의 성인이 문맹이다. 빈국 어린이들 중 약 4분의 1이 초등학교를 제대로 졸업하지 못하고 있다. 그래서 그들은 공부하며 학교 운동장에서 뛰어노는 대신에 장작을 지고 노예처럼 살아가고 있다."[23]

부유한 국가의 중산층이 아니더라도 많은 사람은 생필품

22 Akhter Ahmed, "Surviving on Pennies: We Must Help the World's Most Deprived," UN Chronicle.

23 윌리엄 이스털리, 『세계의 절반 구하기』 p.21. 미지북스 출판.

조달이 쉽다는 사실과 의료비나 교육비, 청정 식수 같은 것들을 당연한 것으로 여기기 쉽습니다. 그러나 노벨경제학상 수상자이자 발전 경제학자인 아비지트 바너지는 개발도상국에서 하루 99센트로 살아가는 사람들은 사회보장제도의 정보에 대한 접근력이 턱없이 부족하여 예방접종이 질병으로부터 안전하게 만들어 준다는 기본적인 사실조차 모르고 있을 확률이 높다고 말합니다. 그들이 절대주의 시절의 대중과 별다른 바 없는 생활 수준으로 살아가고 있기 때문일 것입니다. 만약 누구라도 그 환경에서 살아가야 한다면 차라리 자유를 희생해서라도 선진국의 감옥에서 삶을 보내거나 야만의 자연에서 석기시대 사람처럼 사는 것을 선택하지 않을까요?

미국 프린스턴 대학의 심리학자 엘다 샤퍼는 빈곤은 하룻밤 잠을 설치거나 알코올을 섭취했을 때와 비슷한 수준으로 사고방식의 위험성을 가져온다고 했습니다. 실제로 빈곤은 지능지수를 13~14점 이상으로 현저하게 떨어뜨립니다. 또한 미국 하버드 대학의 경제학자 센딜 멀레이너선은 가난한 환경에서 자란 아이들이 장기적인 계획을 세우기보다는 단기적인 보상에 집착한다는 사실을 확인했습니다.[24] 예컨데 눈앞의 유혹에 잘 참는 아이들이 성공한다고 말했던 마시멜로 실험은 최근에 아이들의 인내심은 사실 그들의 사회경제적 지표, 가정환경, 부모의 교육 수준 등과 유의미한 상관관계가 있었다고 판정되어 그 오류가 드러났습니다. 약속대로 마시멜로가 나중에 있을지 없을지 확신할 수 없었던 빈곤층의 아이들은 곧바로 먹었지만, 평소에 간식이 넘쳐나던 중산층 아이들은 비교적 잘 참을 수 있었던 것입니다. 이처럼 빈곤에서 나오는 결핍적 사고는 인간을 선동되는데 이상적인 상태로 만들어 이성적 사고를 요구하는 민주주의에 악영향을 끼칩니다. 그렇기 때문에 21세기 전 세계의 극우 극좌 지도자를 만든 군중의 근시안적 결정은 장기적인 계획을 세우기 어렵게 만드는 결핍적 사고에서 기인했다고 볼 수 있습니다.

한 인터뷰에서 가난과 기아에 허덕이는 모로코의 빈곤층 음바릅크라는 남성은 돈이 생기면 제일 먼저 무엇을 하겠냐는

---

24 Sendil Mullainathan, Scarcity: Why Having Too Little Means So Much,
     (Henry Holt and Company, 2013)

질문에 먹을 것을 많이 사겠다고 말합니다.[25] 그러나 시간이 지나 돈이 생긴 그의 방에는 먹을 것이 아닌 다른 것이 가득 차 있었습니다. 자신의 경제 사정과 어울릴 것 같지 않은 텔레비전과 DVD 플레이어가 놓여 있는 것을 보고 학자들이 의아해하며 이유를 물어보았습니다. 음바룹크는 고민도 없이 "저에게 텔레비전은 먹는 것보다 더 중요해요"라고 말했습니다. 그는 자신에게 당장 무엇이 필요한지 알면서도 스스로 궁핍한 상황을 더 가중하는 행동을 합니다. 저축에 대한 개념은 고사하고, 사기나 소매치기 같은 불법으로 벌어들인 돈을 복권과 마약으로 바꿉니다. 고작 하룻밤을 즐겁게 할 뿐인 파티에 열광합니다. 그러고는 잠깐 반짝이다 사라지는 불꽃놀이의 타다만 재처럼 다시 현실로 돌아옵니다. 잘 이해가 되지 않는 지점입니다. 마치 앞날을 걱정하지 않는 호탕한 사람처럼 실패의 고리에 갇혀 살고 있는 것 같습니다.

그의 부족한 실행력은 성공의 경험을 선사해 줄 롤 모델의 부재로 설명됩니다. 노벨경제학상 수상자인 미국 MIT의 에스

---

25 비난트 폰 페터스도르프, 『사고의 오류』 p.45. 율리시즈 출판.

더 뒤플로 교수는 '여성 리더들의 존재가 실제로 10대 여성 청소년들의 장래 직업적 포부나 교육 성취도에 긍정적인 영향을 끼친다'라는 연구결과를 발표한 바 있습니다.[26] 이는 롤 모델의 부재가 청소년들의 성취도에 부정적인 영향을 끼친다는 반증이기도 합니다.

미국 흑인의 네 명 중 한 명은 수감되어 있거나 수감되어 있는 부모를 가지고 있으며 그러한 부재는 ADHD를 포함한 학습장애 및 편두통, 천식, 높은 콜레스테롤 수치, 우울증, 불안장애, PTSD를 불러일으키며 장래에 빈곤층이 될 가능성을 높인다고 합니다.[27]

이처럼 자신의 부모에게서 크고 작은 다양한 성공의 경험을 선사 받지 못한 음바룹크와 같은 사람들은 계획을 세우고 실현할 수 있다는 생각을 가지지 못하고 실패의 고리에 갇히게 됩니다. 그렇기 때문에 그들의 실패를 그들의 어리석음만으

26 Lori Beaman et al. ,Female Leadership Raises Aspirations and Educational Attainment for Girls: A Policy Experiment in India. Science335,582-586(2012),DOI:10,1126/science,1212382

27 Leila Morsy, Richard Rothstein, "Mass incarceration and children's outcomes: Criminal justice policy is education policy," Economic Policy Institue (2016).

유와 해결 방안을 고민하고 전 세계적 협력망을 구축하고자 하는 노력이 시작되어야 합니다. 다행히 그 해결의 실마리는 의외로 멀리 있지 않은 것 같습니다. 일상에서 동의가 되지 않는 대상에 대해서도 이해하는 태도를 갖추는 것, 생명력이 없는 선민주의적인 연결고리를 끊고 존중과 이해와 연민을 토대로 한 연결고리를 만드는 것으로부터 세상은 바뀔 수 있다고 믿습니다.

빈곤퇴치를 위한 전 지구적 협정인 아시아의 녹색혁명, 천연두 퇴치 운동, 아동 생존 캠페인, 세계 백신·예방접종 캠페인, 말라리아 퇴치 캠페인, 소아마비 퇴치 운동, 가족계획 확대 운동, 동아시아의 수출가공지구 운영과 같은 선진국과 개발도상국의 쌍방향적인 조화를 이룬 행동들이 벌써 수많은 연대로 시작되었습니다. 이러한 시도는 비단 빈곤층을 자유롭게 사고하도록 도울 뿐만이 아니라 민주주의에 필요한 선동되지 않는 시민을 공급할 것입니다.

4

능력주의

세습사회의 화려한 포장재

BC 2000년경에 이룩된 인류 최초의 서사시 『길가메시 이야기』를 통해 우리는 삶에 대한 통찰을 얻습니다. 3분의 2는 신이고 3분의 1은 인간인 초인적인 존재 길가메시는 젊은 남자들을 전쟁터로 내몰고 처녀들을 자신에게 바치게 하는 폭군이었습니다. 폭군의 압제에 시달리던 사람들의 탄원으로 하늘의 신들이 보낸 영웅 엔키두와의 싸움이 오히려 둘을 둘도 없는 친구로 만듭니다. 그러나 길가메시의 영웅적인 면모에 빠진 여신 이슈타르의 구애를 거절한 사건으로 길가메시는 엔키두를 잃는 슬픔을 맛봅니다. 친구의 죽음을 계기로 영원한 생명을 찾아 길고 험한 여정에 나선 길가메시는 불멸의 비결은 찾지 못하였으나 여정의 끝에서 깊은 바닷속에 감춰져 있던 회춘의 풀 불로초를 얻게 됩니다. 그러나 기쁨도 잠시 불로초를 뱀에게 빼앗겨 놓치고 맙니다.

그는 목표를 이루지 못한 채 빈손으로 고향에 돌아왔지만 길가메시는 완전히 다른 사람으로 변해있었습니다. 예전에 없었던 지혜를 얻은 길가메시는 폭군이 아닌 현명한 왕으로, 현실의 삶을 긍정하고 사랑하며 필멸하는 인간의 길을 걸은 현군으로 자신의 사명을 다하고 죽습니다. 길가메시를 현명한 왕으로 이끈 깨달음은 무엇이었을까요? 그것은 영생의 비결이 육체의 영원한 삶이 아닌 정신에 깃들어 있다는 것이 아니었을까요? 후대에까지 이어질 뛰어난 업적과 문명을 만들어가며 현재를 충실하게 사는 것이 문명의 영속성을 지키며 불멸에 이르는 길이라는 깨달음이었을 것입니다.

그런데 '현재를 살라'는 길가메시 서사는 오늘날 사회 취약계층에 대한 양심의 가책을 피하고 사치를 정당화할 때 유용하게 사용되며 오용되고 있습니다. 제3세계의 참담한 실상을 전하는 뉴스들은 잘사는 이웃을 의식하지 않기 위한 수단으로 소비되고 있으며, '학자'는 좋은 스승에게서 나온다는 진실을 내팽개치고 좋은 스승이 되어 학생들을 돕기보다는 자신의 양명만을 위해 시간을 허비하고 있는 선생이 됩니다. 스승은 사라지고 선생이 넘쳐나는 세상입니다. 심지어 종교인이 가지는 이타심은 타 종교와 싸움을 유발하는 이기심으로 변절하였고 서로에 대한 믿음으로 세상을 변화시키겠다는 긍정적인 면모는 초자연적 미신으로 뒤바뀌었습니다. 예컨대 기독교 근본주의자들은 요한계시록의 종말론적 비전으로 공포의 설교를 하지만 예수가 원수까지도 사랑하고 남을 판단하지 말라고 가르쳤던 산상수훈은 언급하지 않습니다. 이슬람 극단주의자들은 꾸란의 관용의 정신을 무시하며 공격적인 구절들만 인용하며 폭력을 정당화합니다.

아직도 많은 사람에게 현실은 계속해서 고난과 고통을 감수할 것을 강요하고 요구합니다. 폭력과 어리석음은 가까이에 있고 격조 있는 문화적 삶은 광기 어린 폭력과 유치함 앞에서 사라집니다. 이성보다 감정을 앞세우는 사람이 득세하며 차분한 사유는 방해받기 일쑤입니다. 그렇게 사람들은 자신에게 있는 책임을 방관하면서도 그 사실조차 알아차리지 못하는 어른

아이로 변해갑니다. 그들은 바로 자신에게 더 나은 세상을 만들 책임과 그것을 누릴 권리가 있다는 것을 깨닫지 못합니다. 그들은 새로운 미래를 만들기보다 이미 존재하는 체계의 위계에 집착하여 위로 올라가는 것에만 집중합니다.

의도적으로 사회계층 차이를 지나치게 부각시키는 사회적인 분위기, 특권과 부의 자리를 대물림하기 위한 억지스러운 논리를 보고 있으면 가슴이 답답해집니다. 부자와 거지, 지능이 높은 사람과 평범한 사람, 철학자와 상인의 차이가 그렇게나 대단한 것일까요? 큰 범주에서 보면 인간은 동물이라는 범주에 들어갑니다. 과학적 분류상 척삭동물문 포유강 영장목 사람상과에 인간과 침팬지가 같이 속해있다는 사실은 우리에게 겸손의 미덕이 있어야 함을 내포한다고 해도 과언이 아닐 것입니다. 어떤 의미에서 인간은 그저 운 좋게 과학을 발전시켜 일개 행성을, 그리고 콘돔을 통해 자신의 번식력을 정복한 기껏해야 좀 똑똑한 유인원이라는 사실을 잊어서는 안 됩니다.

우리는 다소 '평범한' 사람들이 중요한 사건의 배심원이 되어 지혜롭게 사건을 처리하는 것을 자주 목격합니다. 다수의 범죄자에게도 맹자의 사단〔측은지심(惻隱之心): 어려움에 부닥친 사람을 애처롭게 여기는 마음, 수오지심(羞惡之心): 의롭지 못함을 부끄러워하고, 착하지 못함을 미워하는 마음, 사양지심(辭讓之心): 겸손하여 남에게 사양할 줄 아는 마음, 시비지심(是非之心): 옳고 그름을 판단할 줄 아는 마음)이 마음속에 이미 존재한다는 것도 어렵지 않게 발견할 수 있습니다. 그런데도 그들은 왜 살인자가 되었을까요? 인간이 맹자의 사단을 발현하여 인의예지(仁義禮智)를 형성하고 성인(聖人)이 되려면, 현실의 뒷받침이라는 필수조건이 필요합니다. 극단적인 상황에서 살아가는 사람들에게는 극단적인 희망만이 존재하고, 그러한 희망은 인의예지의 발달을 방해하는 비합리적인 광신에 불과할 뿐입니다.

사람은 그의 정량적인 배경으로만 판단할 수 없습니다. 당연한 얘기지만 일란성 쌍둥이도 자라난 환경이 다르면 누구는 범죄자가 될 수도 있고 누구는 교수가 될 수도 있습니다. 미국의 사회생물학자 에드워드 윌슨에 의하면 뉴질랜드의 마오리족은 19세기 후반에 와이탕이 조약을 체결한 후 전쟁의 부족에서 평화의 부족으로 바뀌었습니다.[30] 이런 사례들은 너무 많

---

30   Edward O. Wilson. On Human Nature. (Harvard University Press) p.119.

지만, 계급, 나이, 인종에 집착하고 서로 간의 차이를 의도적으로 부각시키려는 사람들 덕분에 언론에서조차 별로 관심을 가지지 않는 쟁점이 되었습니다.

많은 사람들이 서로 간의 미세한 차이에, 특히 출생으로 얻어진 차이에 그토록 집착하는 이유는 무엇일까요? 아마도 그것이 아무 생각 없이 살아온 자들이 태어나면 그냥 갖게 되는 가장 쉽게 얻을 수 있는 정체성이기 때문일 것입니다. 그들은 다른 환경에서 태어났다면 완전히 다르게 살았을 갈대 같은 자들입니다. 그런 부류의 사람들은 종종 위계적 구조에서 나오는 정체성을 기반으로 삶의 안정을 취합니다. 그래서 그들은 위계 구조에 동화되어 살아가다가 자신이 그 구조의 밑바닥을 차지하게 되더라도 쉽게 인정하고 오히려 실패한 자신을 비난하기도 합니다. 이런 패턴은 그 반대 상황에도 종종 그대로 적용됩니다. 많은 개천의 용들이 자수성가를 통해 얻은 자신의 지위를 공공연히 자랑합니다. 그러나 그들의 성공은 대부분 가족의 희생으로 얻어진 것임에도 불구하고 그들은 오만한 부자들과 똑같은 태도로 살아갑니다. 심지어 계층 사다리를 타고 올라간 후 사다리를 치우거나 일부에게만 선택적으로 내려 능력주의가 소수 독재로 되도록 부추기는 일에 자연스럽게 동조하기도 합니다.

　인간의 삶을 '희소한 성공'과 '대중적인 실패'로 나누어 볼 때 희소한 출세에서 탈락한 99퍼센트 사람들의 자살과 저출산으로 인한 문명 멸망의 위기를 효과적으로 막을 방법을 찾을 수 있을까요? 이러한 이유로 20세기 헝가리의 경제학자 칼 폴라니는 오로지 분파적 이익만이 현실에서 힘을 갖게 되고 사회 전체의 전반적 이익은 절대로 힘을 가질 수 없다는 생각을 버려야 한다고 말했습니다. 왜냐면 분파적 싸움은 곧 다른 쪽의 전멸을 의미하기 때문입니다.

　극심한 불평등이 존속하는 사회에서 사회 정치적 분열이 난무한 것은 당연합니다. 한 예로 1998년 자카르타에서는 자본의 60퍼센트 이상을 독식하던 5퍼센트 미만의 중국인들을 대상으로 폭동이 일어나 2,000명 이상의 화교가 살해되었습니다. 또한 최근의 추세가 지속된다면 이전 세기부터 꾸준히 경제성장의 윤활제 역할을 하던 창조적 파괴조차 일어나기 힘들 것입니다. 왜냐면 문명의 진보는 도전에서밖에 나올 수 없는데 도전함으로써 잃을 것이 많은 사람이 다수를 차지하는 곳에서는 정체만 나올 것이기 때문입니다. 이것은 사회학의 창시자

막스 베버가 명명한 엘리트의 특권 유지를 위한 배타적인 제도인 '사회적 봉쇄'를 통해 확인할 수 있습니다. 유럽 귀족사회의 군사 계급의 자격요건, 숙련된 기능공 조합의 견습체제, 의사나 변호사 등의 전문가협회의 공식적인 성원 자격체계처럼 한 집단이 자원을 독점하고 충원을 제한함으로써 자신들의 상황을 유리하게 하고자 하는 '사회적 봉쇄' 과정은 계층끼리 담을 쌓게 만들어 결국 사회를 붕괴시킵니다.

세상이 부유해질수록 불평등이 줄어든다고 설명하던 쿠즈네츠 곡선의 창시자 쿠즈네츠 본인도 최근의 추세로 보아 자신의 이론이 일부 틀렸음을 인정했습니다.[31] 세계는 지금 어떤 모습인가요? 세계 인구의 1퍼센트가 전 세계 재산 총액의 40퍼센트를 차지하고 있습니다. 더욱이 가장 부유한 상위 10퍼센트가 전체 자산 가치의 85퍼센트를 독점하고 있습니다. 0.14퍼센트 사람들이 가진 자산만으로 세계 인구의 40퍼센트가 24년 동안 살 수 있다고 합니다.[32] 현재 전 세계에서 가장 부유한 8

---

31 Fogel, Robert W. Some Notes on the Scientific Methods of Simon Kuznets. (National Bureau of Economic Research, December 1987) p. 26 – 7.

32 카를-알브레히트 이멜, 『세계화를 둘러싼 불편한 진실』 p.20. 현실문화 출판.

명이 차지한 부는 전 세계 인구 절반이 가진 부의 총량보다 많습니다.[33] 미국의 경우 일반 노동자와 최고경영자의 임금 차이가 1930년대 20배 정도였던 것이 지금 373배입니다.[34]

노벨경제학상 수상자인 폴 크루그먼은 1970년대 이후 소득 분포 하위 50%의 노동자들의 물가 상승률을 고려한 실질 임금은 같거나 하락했지만, 소득 분포 상위 1퍼센트의 실질 소득은 4배 이상 증가했고 상위 0.1퍼센트의 소득은 그보다 훨씬 많이 증가했다고 발표했습니다.[35] 이것은 능력주의가 아닌 승자독식주의이며 그 어떠한 이념으로도 정당화하지 못하는 현상입니다. 사람들 사이에는 능력과 재능의 차이가 분명히 존재하지만, 부의 차이가 모두 그 능력에 비례한다고 생각하기는 어렵습니다. 사회를 구성하는 모두는 나름의 수고와 노력을 기울입니다. 그런데도 극소수의 몇몇 인간만 그들보다 수억 배나 생산적으로 일하고 있었을까요?

33 Just 8 men own same wealth as half the world. (Oxfam International, 2017)

34 Melanie Trottman. "Top CEOs Make 373 Times the Average U.S. Worker." (Wall Street Journal, 2015)

35 Paul Krugman. "The Undeserving Rich." (The New York Times, 2014)

이처럼 삐뚤어진 판에서 성공을 이룬 일부 군중은 대중을 멍청이라고 일관하며 자신은 그들에게서 제외시킵니다. 심지어 자신을 냉철한 합리적 사고의 소유자라고까지 생각합니다. 하지만 20세기 미국의 철학자 헨리 소로의 말처럼 인류 문명의 발전이 느린 진짜 이유는 그 소수의 성공한 군중마저도 다수의 대중보다 실질적으로 더 현명하거나 더 훌륭하지 않기 때문입니다.[36] 어떠한 위계 구조와 시스템에서 최상위 계층을 차지하더라도 그 정체성에만 의존해 살아가는 사람은 결코 그 시스템을 창조하지 못했을 군중에 불과합니다. 그리고 군중의 성공은 가변적인 운에 기반하고 현재의 한계로 규정되기 때문에 차라리 가장 가난한 소시민에게서 더 큰 변화의 가능성을 볼 수 있을 것입니다.

엘리트의 세습 풍토가 '능력주의'라는 탈을 쓰고 얻는 위신은 당사자들에게도 언제나 좋은 결과를 가져오지는 않습니다. 오히려 언제나 몰락할 수 있다는 위기감에 주눅 들어 우울감에 시달리고, 정치가나 권세가에 붙어 자기 자리를 지켜낼 고

---

36   헨리 소로, 『시민의 불복종』 p.28. 은행나무 출판.

민에 빠져 비도덕적인 방법 사용하기를 서슴지 않고, 실제로 그렇게 하게 될 수 있음을 우리는 뉴스를 통해 종종 확인할 수 있습니다. 이처럼 삐뚤어진 능력주의의 가장 큰 폐해는 인간을 위계로부터 벗어나지 못하게 만든다는 것입니다. 그리고 그러한 위계는 불평등을 당연한 것으로 만듭니다. 사람들은 재정적 어려움과 기회의 차별을 경험할 때, 급진적인 해결책을 약속하는 포퓰리즘 지도자들을 더 잘 받아들이기 때문에 이러한 능력주의가 유지될 경우 민주주의는 붕괴될 것입니다.

5

욕망

현대인을 옭아맨 거미줄

인간은 타인에게서뿐만 아니라 자신에게서조차 착취당하는 존재입니다. 군중은 자유롭다는 느낌 속에서 자신을 착취합니다. 그들은 자기 자신을 착취하고 있는지도 모른 채 완전히 망가질 때까지 자발적으로 착취합니다.

16세기 영국의 철학자 프랜시스 베이컨은 사람을 거미, 개미, 꿀벌에 빗대어 말했습니다. 독단적인 추리와 관념적인 교리만을 강조하여 연역적 사유방식에만 머물러 있는 사람들은 자기 자신 속에 있는 것을 풀어서 집을 짓는 거미와 같습니다. 불완전한 귀납적 사유방식으로 살아가는 사람들은 개미와 같습니다. 그들은 오로지 몇 개의 사례들을 관찰하여 관찰되지 않은 것까지를 포함한 전체에 대한 가설적 결과로 사용하기에 유용한 결론이 아닌 개연적인 결론만을 만듭니다. 사실 탐구의 방법으로 귀납법을 취하여 중용의 자세로 철학의 임무를 다하는 사람은 뜰이나 들에 핀 꽃에서 재료를 구해 자신의 힘으로 변화시키고 소화하여 꿀을 생산하는 꿀벌과 같습니다. 꿀벌은 참된 호기심을 발현하여 실험 사실만을 수집하거나 나열하지 않고 이성을 이용해 지식을 소화해서 자연을 이해하는 힘을 얻어냅니다. 그러한 과정에서 꿀벌은 자연을 착취하지만 동시에 꿀을 만들고 꽃이라는 생명을 잉태합니다. 경험의 능력과 이성의 능력을 긴밀하고 순수하게 결합한 결과입니다

이솝 우화에서는 거미와 꿀벌을 비교하는 이야기가 나옵니다. 어느 날 꿀벌이 거미줄에 걸렸다가 운 좋게 탈출했습니다. 자기의 집이자 함정인 거미줄이 엉망이 되자 꿀벌에게 화가 난 거미는 벌이 자기 스스로는 아무것도 만들지 못한다고 비난합니다. "네가 양식으로 삼는 것은 전부 자연으로부터 갈취한 게 아니더냐? 너는 들판과 정원을 날아다니며 도둑질을 하

고, 쐐기풀과 제비꽃을 강탈하며 돌아다니기만을 일삼지 않느냐? 하지만 몸 안에 자연으로부터 물려받은 자원을 갖고 태어난 나는 엄연한 다른 존재다. 수학적으로 정교하게 건설된 이 드넓은 요새는 모두 내가 손수 만들었고, 그 자재 또한 내 몸에서 직접 뽑아낸 것이다."

꿀벌은 거미가 거미줄을 자기 몸에서 뽑아냈다고 뽐내지만, 그것은 그저 몸에서 나온 배설물과 독소에 지나지 않는다고 반론하고 자신은 외부의 꽃들에서 꿀을 모으면서 오히려 그것들을 훼손하지 않고 번식을 도와준다고 반론합니다. "결국 문제는 두 피조물 가운데 어느 쪽이 더 고귀하냐는 것이다. 너는 비좁은 공간 속에 눌러앉아 주변을 감시하는 것밖에 할 수 없으면서 자급자족에 대한 자부심을 갖고 자주적으로 살아가는 것처럼 보이지만 실은 모든 것을 배설물과 독소로 바꿔버리며 결국에는 다른 곤충들을 잡을 덫과 거미줄밖에는 만들지 못한다. 그러나 나는 상식선의 반경에서 이곳저곳을 폭넓게 돌아다니며 깊이 연구해 사물을 판단하고 올바른 식견으로 꿀과 밀랍을 모은다. 과연 너와 나 둘 중 어느 쪽이 더 고귀한 존재일까?"

안타깝게도 세상은 거미나 개미임을 자랑스러워하는 군중

이 대세를 이룬 듯 보입니다. 이들은 인류 전체의 행복과 지식을 증가시키기 위한 노력은 지루하고 무의미한 낭비라고 생각하기에 기회만 있다면 빵을 얻기 위해 빵집을 부수는 사람들입니다. 기술의 진보도 절대주의 시절의 상류층과 같은 위치를 차지하기 위한 도구로 여기는 사람들입니다. 제약 특허권을 매입해서 약값을 올리는 데만 관심이 있고 환자들의 고통받는 삶을 해결하는 것에는 관심이 없는 사람들입니다. 법정 싸움에서 이겨 자신의 이익을 극대화하는 것에만 관심을 두고 사람들이 성숙해져 법을 되도록 적게 사용하는 미래에는 관심이 없는 자들입니다. 일반인의 평균 연봉의 몇 배를 받는 순간 대중 전체를 다 안다는 듯 깔보고 기술이나 자원이 있어도 뭐든지 내가 누리지 못하면 남도 누리지 못하게 만드는 이런 군중의 첫째가는 삶의 목표는 세상을 모두에게 더 나은 곳으로 만드는 것보다 수단과 방법을 가리지 않고 자신에게만 더 나은 곳으로 만드는 것에 있습니다. 하지만 영원한 권력은 없습니다. 경제적 정치적 힘도 길어봤자 십수 년 유지될 뿐입니다. 그 누구도 혼자서는 살 수 없고 최후의 1인이 될 수 없습니다. 애초에 그럴 수 있었다면 사회는 존재할 이유가 없습니다.

　충분히 먹고 살 수 있고 여가도 많은데 불행하다고 느낀다면 그것은 왜인가요? 지상낙원이라고 불리는 스위스와 핀란드조차도 자살하는 사람들이 넘쳐나고 극우 정치인들이 득세하는 것은 왜인가요? 부자가 되어서도 불행할 뿐이라면 부자가 되기를 사람들은 왜 그렇게 간절히 열망하는 것인가요? 거미와 같이 모든 것을 배설물로 바꾸면서도 자신의 욕망을 멈추지 못하기 때문일 것입니다.

속세의 권력보다는 자신의 이기주의적 본능을 정복하고자 노력하는 꿀벌 같은 사람들이 있습니다. 그들은 결코 행복의 자리에 영광을, 지식의 자리에 독단을, 만족의 자리에 탐욕을 들여앉히지 않습니다. 포기는 우선 소유해 본 사람만이 할 수 있는 것입니다. 만약 물을 마시려 하지 않았다면 우리는 애초에 물을 비울 잔을 만들지 못했을 것입니다. 영광과 독단과 탐욕을 욕망하지 않으면 그것들을 포기하지 못합니다. 그렇지만 군중의 욕망은 포기하기 위한 욕망으로 정당화되지 않습니다. 왜냐하면 그들은 영광과 독단과 탐욕을 포기하지 않기 때문입니다.

의사 알베르트 슈바이처는 1952년 노벨 평화상 수상 연설에서 군중의 광기 어린 탐욕을 이렇게 비판했습니다.

"과감히 현상에 직면하라. 인간은 초인이 되었다. 그러나 초인간적인 힘을 지닌 이 초인은 초인간적인 이성의 수준에까지 이르지는 못했다. 그의 힘이 커짐에 따라 점점 그는 가련한 인간이 된다. 초인이 되면 될수록 자기 자신이 비인간적으로 된다는 사실을 우리는 각성해야만 한다."

그러나 슈바이처가 이 말을 남긴 지 71년이 흘렀음에도 우리는 자신의 능력을 제어하지 못하고 있습니다. 그 결과 파괴되는 산림으로 인해 늘어나는 유해 화학물질의 배출, 인구 증가로 인한 물고기 수요의 증가와 그로 인한 무분별한 남획, 식량 유지를 위해 토양의 비옥도를 높이려고 더 많이 사용되는 비료와 그 비료를 만드는 데 사용된 화석 연료가 배출하는 온실가스, 화학물질을 대신할 핵에너지의 엄청난 사고로도 발전할 수 있는 위험, 바닷물을 탈염시켜 물 부족 문제를 해결하려 한다고 하더라도 그에 필요한 에너지를 얻기 위해 감당해야 하는 엄청난 비용, 어장을 비롯해 자연에서 얻을 수 있는 식량원의 고갈, 가축과 작물 및 양식 어업에 압력을 가해 결국에는 농업과 목축의 확대로 인해 발생하는 표토의 침식, 양식의 확대로 인한 부영양화, 전쟁으로 이어지는 삼림 파괴, 물 부족, 토양의 침식, 선진국으로 불법 이주하는 개도국 출신의 사람들과 그로 인해 치안 유지에 골머리를 앓게 되는 새로

운 문제들이 나타났습니다.[37]

이러한 문제들을 해결하기 위해서 초인이 된 인간은 그에 걸맞은 초인의 정신을 준비할 필요가 있습니다. 그렇다면 그 정신은 어떤 것이어야 합니까? 20세기 독일의 사회학자 헤르베르트 마르쿠제의 말대로 우리는 많은 경우 자동차, 오디오 세트, 복층 집, 부엌 장비에서 자신의 영혼을 발견하고 있는 것 같습니다. 그러나 삶의 의미는 쾌락과 소비 욕구를 추구하는 진부한 삶에서 나오는 것이 아닙니다. 남들보다 더 많이 물건을 사고, 늘 새로운 물건을 가지고 놀고, 새로 출시한 자동차를 타고, 메이커 신발, 고화소 최고급 텔레비전, 호화로운 별장, 고급 액세서리, 매일 쏟아지는 신제품들을 구매하고야 말겠다는 '필요가 아닌 사치를 위한 욕구'는 기껏해야 사춘기 소년의 욕망입니다.

어째서 사춘기를 완전히 지난 어른이 보는 잡지와 텔레비전에 탐심을 자극하는 광고들이 끊임없이 등장할까요? 성인의

37 제레드 다이아몬드, 『문명의 붕괴』 p.680. 김영사 출판.

욕망도 사춘기 소년의 욕망과 별반 다르지 않기 때문입니다. 그렇다면 그것은 악독한 광고주의 책임일까요, 아니면 사람들의 끝없는 욕망이 문제일까요? 자본은 지루함을 달래기 위한 완벽한 놀이를 제공할 수는 있지만, 인간의 근원적인 문제에 대해서는 아무런 대책을 마련해 주지 못합니다.

20세기 미국의 환경학자 도넬라 메도즈의 말대로 우리는 자동차가 아닌 존경과 존중을 원하고, 산더미처럼 쌓인 새 옷이 아니라 남들에게 매력적으로 비치는 나를 원합니다. 우리가 바라는 것은 자극적인 오락거리가 아니라 마음과 감성을 사로잡는 정체성, 자존감, 도전정신, 몰입, 사랑, 기쁨 같은 것들입니다. 그의 말대로 만약 비물질적 욕구를 사회가 제대로 알아차리고 이해해서 그것을 충족시켜 줄 수 있다면 부추겨진 욕망대로 사는 사람보다 더 높은 개인적 사회적 목표를 이루며 사는 사람이 많아질 수 있을 것입니다.[38]

20세기 영국의 경제학자 케인스는 이렇게 말했습니다.

"계층 간, 국가 간에 나타나는 결핍과 가난, 경제적 투쟁의

---

38   도넬라 메도즈, 『성장의 한계』 갈라파고스 출판.

문제는 불쾌한 장난이며 덧없고 불필요한 혼란에 불과하다. 서구 세계는 이미 자원과 기술이 있어서 그것들을 활용할 조직들만 만들어낼 수 있다면 현재 우리의 윤리와 물질적 에너지를 쏟아붓고 있는 그러한 경제 문제를 이차적인 문제로 축소할 수 있다. (중략) 그 경제 문제가 현재 자리 잡은 곳에서 뒤로 물러나고 (중략) 우리의 진정한 문제, 즉 삶의 문제, 인간관계와 창조, 행위, 종교의 문제들이 (중략) 우리의 머리와 가슴을 차지할 날이 그리 멀지 않았다.”[39]

우리는 맹목적인 폭력과 비도덕적인 행동에 우리가 무척이나 가까이 있다는 점을 상기하고 충동적인 행위의 결과가 타인의 삶을 얼마나 참혹하게 만드는지 알아야 합니다. 20세기 영국의 도덕철학자 알래스데어 매킨타이어의 말대로 더 이상 아이가 아닌 사람은 아이들에게서 자신의 어린 시절 모습을 보고, 아직은 나이 때문에 불편하지 않은 사람은 노인에게서 자신의 미래 모습을 보아야 합니다.[40] 아프지 않거나 다치지 않

39 John Maynard Keynes, Essays in Persuasion (Macmillan Publishers) p.7.

40 Alasdair Maclntyre, Dependent Rational Animals, (Open Court)

은 사람은 아프고 상처 입은 사람에게서 이따금 그리고 앞으로 언젠가 자신도 그런 모습이 되리라는 것을 알 수 있어야 합니다.

달라이 라마는 인간은 자신이 행복해야 타인의 행복을 기뻐하는 정신 상태를 소유할 수 있다고 했습니다. 자신의 고통에 무관심하면 타인의 고통에도 무관심할 수 있으므로 끝없는 자기 연민은 피하면서도 자신을 혹독하게 대하지 않아야 합니다. 분명 세상에는 완벽한 인간은 없습니다. 모두가 크든 작든 위선자일 뿐입니다. 하지만 그것을 인정하고 문제를 해결하려는 공중이 각자의 분야에서 만드는 집단지성의 세상에 희망을 걸어보고 싶습니다.

6

직관

가짜 목표로 인도하는 앎

서아프리카에서 이, 벼룩, 진드기, 모기가 매개하는 전염병인 재귀열에 끊임없이 골머리를 앓던 부족이 있었습니다. 그들은 전염병의 원인이 무엇인지 알지 못했고 전염병이 돌 때마다 살던 터전을 옮겨 다녔음에도 불구하고 전염병은 멈추지 않았습니다. 당시 그곳에 있던 한 의용 곤충학자는 새로운 이주가 이루어지고 있을 때 부족의 족장 같은 노인이 진드기를 잡아 작은 상자에 담는 것을 보았습니다. 의구심이 든 곤충학자는 노인이 왜 그런 행동을 하는지 물었고, 그 노인은 의연한 얼굴

로 이렇게 말했습니다. "이놈들이 우리 부족의 영혼을 보관한
다오."[41]

  사회생물학자 에드워드 윌슨이 그의 저서에서 원시적인 민
족의 삶에 관하여 쓴 일화입니다. 족장의 신념과 믿음에 어떤
가치를 부여할 수 있을까요? 그에게 그의 믿음에 대한 불합리
함을 깨닫게 하고 의료혜택을 제공하는 것이 전통문화를 해치
는 문명의 잔인함일까요? 급성 맹장염으로 19살에 죽어야 하
는 운명이었던 저는 의학의 힘으로 살아났고 아무런 일도 없
었다는 듯이 평범한 일상을 살아가고 있습니다. 여기에 어떠한
문명의 '악'이 있나요? 지식과 가치의 타협은 무가치하지 않습
니다.

  2020년 10월 한 프랑스 역사 교사가 무함마드 풍자만화를
주제로 표현의 자유에 관련된 수업을 진행했다가 이슬람 극단
주의에 빠진 청년에게 살해되었습니다. 2021년 12월에는 파키
스탄 내 이슬람 신자들이 외국인 한 명을 집단 폭행하고 산채

---

41 에드워드 윌슨, 『지구의 정복자』 p.359. 사이언스북스 출판.

로 불태워 살해하는 일이 발생했습니다. 이슬람의 예언자 무함마드의 이름이 적힌 포스터를 훼손해 신성모독을 했다는 이유로 말입니다. 인구 2억 2,000만 명 중 97퍼센트가 이슬람교도고 국교도 이슬람인 파키스탄에서는 신성 모독죄가 유죄로 인정되면 사형이나 종신형이 선고되지만, 판결이 나오기 전에 광분한 주민들이 피의자를 총살하거나 집단 구타해 사망케 하는 일이 빈번합니다.

우리에게 필요한 것은 도덕과 이성이 이끄는 철저한 사고, 잘잘못을 구별할 정확한 정보와 사고이지 광분한 직관이 아닙니다. 그래야 에이즈 때문에 열 명에 한 명꼴로 사람이 죽어가는 마을에서 가톨릭이 인간 생명의 신성함에 대한 교리를 채택했다는 이유로 콘돔 사용을 반대하는 어처구니없는 상황이 사라질 수 있을 것입니다. 이처럼 사회에서 개선될 여지가 남은 문제들에 더 합리적인 시스템을 설계한다면 지금보다 더 나은 사회를 만드는 것이 가능할 것입니다. 물론 그렇다고 모든 전통을 부정하고 이성에 기초한 청사진을 바탕으로 사회를 무(無)에서부터 새로 시작할 수는 없습니다. 우리의 문명은 복잡한 시행착오의 결과물인 현대의 많은 발명품처럼 경험과 지식의 축적이 없었다면 발명될 수 없었을 것이기 때문입니다.

인간이 가진 특별함 중 하나는 과거의 경험과 배움을 글을 통해서 전달받는다는 것이지 과거를 무시하는 것이 아닙니다. 언제나 사회 변화는 과거의 전통과 지혜를 계승하며 발전시키는 것으로 이뤄내야 합니다.

캐나다 토론토 대학의 철학자 조지프 히스의 말대로 사회 제도와 문화의 상당 부분은 우리가 직관과 감을 따를 때 보이게 될 반응을 극복하기 위해 존재합니다. 결혼제도도 그렇고, 사법제도, 사회보장제도, 환경규제, 조세 등도 마찬가지입니다. 그러나 그것들은 인간의 생리학적 본능을 관리하는 도구에 불과합니다. 도구에 함몰되어 목표를 잃어버리지 않아야 합니다. 또한 그의 말대로 합리성은 저 높은 곳으로부터 우리에게 강요되는 외부적 규칙들이 아닙니다. 합리성은 인간의 자유와 자율의 기초입니다. 합리성은 우리의 믿음이 현실과 부합하기를 원한다면 반드시 따라야 할 규칙들입니다. 실패를 피하고자 한다면 반드시 따라야 할 규칙들이며 공동의 삶에 필요한 원칙들을 지탱하고자 한다면 반드시 따라야 할 규칙들입니다.[42]

---

42 조지프 히스.『계몽주의 2.0』 p.446. 이마 출판.

인간을 단순한 욕구로부터 해방해 준 도구인 '합리적 사고'는 실용적인 생각을 심어주었고, 그 결과 인간이 현재만을 보고 살지 않게 만들었습니다. 예컨대 우리는 자식의 미래를 생각할 때 죽음 혹은 결혼만을 상상하는 게 아니라 자식이 겪을 사소하고 작은 문제들까지도 고민합니다. 그 경우 후손은 그들만의 삶을 살 것이고 미래는 예측하기 힘들다는 점을 상기하면서 말입니다. 만약 인간이 현재만을 사랑하면서 자연에 굴복하는 삶의 태도만 가졌더라면 역사와 과학과 문자는 없었을 것입니다. 그저 자연과 교감하며 행복하게 지내고 열등감을 극복하기 위해 어떠한 노력을 하거나 공허한 고민을 할 시간도 없이 매일매일 우정과 애정을 다지면서 식량을 얻기 위해 보람차게 살았을지도 모릅니다. 그러나 동시에 성인 남성 절반이 폭력으로 죽어가던 시대에서 탈출하지는 못했을 것입니다.

다만 합리적 사고가 언제나 더 '이성적인' 사회를 만들지는 않는다는 점을 과학의 계량적 도구성에만 몰두한 역사를 통해 알 수 있습니다. 그렇다면 과연 합리적 개인들의 집단지성을 통한 상호보완적인 '이성적' 세상이 도래할 수 있을까요? 프랑스 장 니코드 연구소의 심리학자 위고 메르시에는 집단 토론에서 견해는 달라도 목표가 같을 경우라면 유용한 효과가 나왔던 사례를 들어 그 가능성을 시사했습니다. 반면 처음부터 견해가 충돌하고 공동 목표가 없는 경우 집단 토론을 통해 차이가 더욱 벌어지는 경향이 있어 집단 토론이 언제나 효과적이지는 않음도 지적했습니다.[43] 우리가 논증을 통해 각각의 주장에서 오류를 찾아내고 공통된 유대로 협력할 수 있으려면 공동의 목표가 필요한 이유입니다.

그렇다면 우리를 상호보완적인 집단지성의 세상으로 이끌어 줄 우리의 '공동 목표'는 무엇인가요? 지금 당장 모든 사람이 이성적이고 이타적인 사회에서 토론할 것을 상상하기란 쉽지 않습니다. 그러나 아주 불가능한 일도 아닙니다. 몇 세기 전만 해도 거의 모든 사람이 문자 해독력을 갖춘 사회는 상상할 수 없었지만 이제 거의 모든 사람이 문자 해독력을 갖춘 사회가 완성됐듯이 그런 사회가 곧 도래할 수도 있습니다. 플린 효과로도[44] 증명되었듯이 보편적인 중등교육 덕택에 전 세계 사람들의 아이큐가 현저하게 향상되었습니다. 중산층 이상의 가

---

43 위고 메르시에, 당 스페르베르, 『이성의 진화』 p.494. 생각연구소 출판.

44 Flynn Effect: 시간이 지날수록 세대들의 IQ(Intelligence Quotient, 지능지수) 검사 평균 성적이 계속 높아지는 현상.

정에서 자란 한쪽 일란성 쌍둥이의 아이큐가 저소득층의 가정에서 자란 다른 쪽보다 더 높았다는 연구결과들도 있습니다.[45]

실제로 사람들은 점점 더 자기 존중, 목적의식, 배움에 대한 존중, 타인에 대한 관용을 갖춘 공중이 되어가고 있습니다. 부모는 아이들과 사려 깊게 대화하며 아이들은 억지스러운 자기주장만 하지 않고 더 침착하게 대응합니다. 신을 찾는 이유도 니체의 말처럼 실제로 존재하는 이 땅에 어떤 목표, 어떤 존재 이유, 어떤 과제도 두지 않기 위해서, 공동체에 유리되어 전체주의적 열망을 찾기 위해서가 아니라 현실에 대한 체념과 두려움을 극복하고 일상의 암울함을 치료받기 위해서입니다.

우리는 서로에 대한 무관심이 일으킨 사태들에 반성하고 더 나아가야 합니다. 세상의 한계에 분노하지 않으면서 이성적인 변화를 추구하고, 친절함과 존경심이 넘쳐나는 세상을 서로에게 상기시켜야 합니다. 삶의 목적과 의미를 주체적으로 찾으면서도 자신만의 가치를 숭고하게 여기지 않으면서 삶의 형태

---

45 리처드 니스벳, 『인텔리전스』 p.61. 김영사 출판.

나 목적에 대해 여유를 가져야 합니다. 행동 없는 관용과 논리 없는 행사를 넘어선 실질적인 연대와 변화와 배움이 필요합니다. 그러나 잊지 말아야 할 것이 있습니다. 그 토대는 반드시 '연민'이어야 합니다. 17세기 네덜란드의 철학자 버나드 맨더빌의 말대로 연민 없는 이성과 도덕은 괴물에 불과하기 때문입니다.

연민하고 연대하고 노력하고 행동하고 반성하는 사람들은 서로가 한계에 다다를 때 한계를 넓힐 것이며, 서로가 보지 못할 때 볼 것이며, 서로가 굴복할 때 굴복하지 않을 것이며, 서로가 현실에 포기할 수밖에 없을 때 포기하지 않도록 노력할 것입니다. 그들처럼 노력하는 자들이 이 세상에 존재하기에 세상은 무의미하지 않습니다. 완벽하지 않아도 노력하는 존재들이 서로를 보완하며 목표를 찾고 앞으로 나아감을 멈추지 않는 한 우리에게 희망은 언제나 있습니다.

2부

숨은 우상

1

환원주의

학교에 숨은 프로크루스테스

[대한민국 교육법 제1조]

교육은 홍익인간의 이념 아래 모든 국민으로 하여금 인격을
완성하고 자주적 생활능력과 공민으로서의 자질을 구유하게
하여 민주국가발전에 봉사하며 인류공영의 이념 실현에 기여
하게 함을 목적으로 한다.

어른의 의견은 아이들의 자아에 투영됩니다. 20세기 미국
의 교육심리학자 로버트 로젠탈이 실시한 실험에서 몇몇 교사

들이 아이들에게 내린 '시끄럽고 불편함', '근면하고 조용함' 등의 평가들이 다른 교사에게 맞바꾸어 전달되자 '시끄럽고 불편'하던 학생이 '근면하고 조용'한 학생으로 바뀌었습니다. 긍정적인 기대나 관심이 사람에게 좋은 영향을 미친다는 피그말리온 효과가 증명된 것입니다. 이처럼 어린 학생들의 정신은 유체와 같아서 주변의 사람들이 기대하는 대로 자라납니다.

인간의 재능은 상당히 비슷한데 몇 가지 기준으로 사람을 판단하고 다르게 취급하는 경우들이 많습니다. 과거 프랜시스 골턴이라는 우생학자는 학생을 우월층, 평범층, 저능층으로 분류했고 심리학자 손다이크는 거기에 학습 성취가 빠른 학생은 인재로 키우고 더딘 학생들은 투자하지 않아야 한다고 주장하기까지 했습니다. 그리고 그가 만든 등급화 시스템의 쓰기, 읽기, 산술의 표준화 시험은 모든 미국의 학교에서 채택되었고 세계의 많은 나라들도 따라 채택했습니다. 그러나 평균을 두고 싸우는 게임은 필연적으로 절반의 학생들을 말살합니다. 또한 이런 적자생존의 교육이 사회에 끼치는 긍정적인 영향은 거의 전무합니다. 미국 하버드 대학의 교육학자 토드 로즈의 말대로 어느 16살짜리의 표준화 시험 점수가 성공적인 신생 벤처기업 설립이나 암 치료법의 발견과 의미 있는 연관성이 있다는 과

학적 증거는 없습니다.[46]

1940년대 말 하루 사이에 17대의 비행기가 '조종사 과실'
로 추락했습니다. 새로운 제트엔진을 쓰던 초음속 전투기의 좌
석은 1926년 프로펠러 조종사 수백 명의 평균을 토대로 만들
어졌습니다. 가속 페달, 기어의 배치 거리, 앞 유리의 높이를
비롯해 비행 헬멧의 모양까지도 말입니다. 또 같은 시기에 '노
르마'라는 유명한 조각상이 존재했었습니다. 브루클린 병원 산
부인과 과장이며 미국 산부인과 학회 회장과 미국 의학협회
산과학 부문 의장을 지내던 디킨슨 박사가 15,000명의 여성
평균 신체 치수를 가지고 조각가 벨스키의 손으로 만든 작품
이었습니다. 그러나 이것을 토대로 만들어진 평균에 해당하는
조종사와 여성은 단 한 명도 없었습니다. 조종사 4,063명 가운
데 평균과 일치하는 키, 가슴둘레, 팔 길이 등 중요한 10가지 신
체 특징을 가진 사람은 없었고, 여성의 경우에도 마찬가지였습
니다. 온전히 평균적인 사람은 존재하지 않습니다. 그런데도 현
재의 교육 환경은 평균으로 지체아와 성숙아를 말살시킵니다.

46 토드 로즈, 『평균의 종말』 p.244. 21세기북스 출판.

대다수 교육자는 평균을 기준으로 결과를 평가합니다. 문제는 평균에 함몰되면 등수만이 중요해져 개개인들을 위한 전인적인 교육은 이루어지기 어렵다는 것입니다. 그리고 전인적인 교육의 부재가 주는 폐해는 학교를 앞장에서 얘기한 거미와 개미를 양산하는 공장으로 만들어간다는 점입니다. 한 심리상담사가 요양원의 노인들에게서 가장 많이 들었던 말이 "나에게는 다른 사람이 내게 기대하는 삶이 아니라 나 자신에게 충실한 삶을 살 수 있는 용기가 없었다"라는 말이었다고 합니다. 그 노인들도 한때는 어린아이였고 아직도 베스트셀러 자리를 지키는 『카라마조프가의 형제들』, 『멋진 신세계』, 『데미안』, 『인간의 대지』, 『창백한 푸른 점』과 같은 밥이 아닌 가치를 추구하라고 말하는 책들을 읽고 자랐을 것이며 자식과 손자들에게 이런 책들을 읽으라고 권유하는 어른이었을 텐데 어떻게 자기 자신에게는 적용하지 못했을까요? 책이 그 자체로 사실을 말할지라도 삶의 가치로 녹아들지 못했기 때문일 것입니다. 우리가 계몽이라는 상품을 구매해도 계몽이 일어나지 못하는 이유일 것입니다.

이 외에도 평균을 기준으로 매기는 성공과 실패의 이분법이 가져오는 병폐는 인생의 대부분을 차지하는 '과정'을 무시한다는 점에서 무척 낭비적입니다. 어린아이들은 결과에 대한 칭찬 혹은 '똑똑하다'라는 부류의 칭찬만으로 격려되면 오히려 자만심에 빠져 노력을 소홀히 하기 쉽고, 타인의 기대에 부응하려는 완벽주의에 빠져 우울증에 시달릴 수도 있습니다. 그러나 결과가 어떻든 그들의 결과에 대한 '과정'인 '노력'이 칭찬받으면 대다수 학생은 계속해서 더 노력하려고 하고 더 나은 성과를 냅니다. 하지만 평균에 매몰된 교육은 이러한 과정을 칭찬하기보다는 결과에 집중함으로써 학생들을 심리적으로 불안하게 합니다.

20세기 프랑스의 철학자 자크 랑시에르는 모험을 감행하는 것이 중요한 것이지 더 잘 배우거나 못 배우거나, 더 빨리 배우거나 더 늦게 배우거나 하는 것이 중요한 것이 아니라고 했습니다.[47] 그러나 이제 어른이 된 불안한 학생들은 모험을 감행하지 못해 낙담하기보다는 안정적인 일상조차도 가지지 못해 고통받고 있습니다. 가치를 얻으려면 경쟁해야 하고 경쟁에 성공한 어느 한쪽만 가치를 얻게 된다는 조언들이 그들의 머릿속

---

[47] 자크 랑시에르, 『무지한 스승』 p.61. 궁리 출판.

에 파고듭니다. 경쟁을 통한 생산성 향상이라는 목적은 사라지고 경쟁을 위한 경쟁이 나타납니다. 배보다 배꼽이 커진 세상입니다.

중세의 대학이 국가와 교회를 위한 것이었다면 21세기의 대학은 명실상부하게 세속적인 권력을 위한 것입니다. 이제는 연봉을 억 단위로 받는 졸업자를 최대한 많이 배출하는 것이 대학의 목적이 되어버렸습니다. 학생들은 협력과 이상과 발전이라는 세 번째 천년의 모토에 맞게 세상에 이바지하기 위해서 허리가 구부러질 정도로 무거운 책가방을 짊어지고 경쟁을 주된 목적으로 삼는 싸움을 16년간 지속합니다. 경쟁만능주의에 순응하고 초등학생 때부터 마치 교육의 목적이 오로지 실용적인 기술을 체득하거나 남보다 높은 사회적 지위를 얻는 것이라 착각합니다. 학교는 그런 학생들을 대견하게 여기면서 서로 견제하며 거짓 정보를 흘리는 정신적 유혈사태를 방관합니다. 그렇게 학교는 거미와 개미를 생산하는 공장이 되어갑니다.

학교는 반성문을 작성해야 합니다. 명문대학 합격률을 무척이나 자랑하는 학생모집 광고는 우리의 '자랑스러운' 학교가

150명 중 한 명꼴로 범죄자를 만들고,[48] 전체 인구의 12퍼센트를 차지하는 빈곤층을 만들고,[49] 그런 빈곤층을 무시하는 멍청이들을 배출하고 있다고 고해성사하면서, 이런 곳에 오지 말라는 반성문으로 바뀌어야 합니다. 우리가 선택한 자본주의 사회에서 돈은 곧 권력이고 사회적 동물인 인간에게 권력이란 곧 목소리이자 영향력입니다. 40억의 인간보다 자산이 많은 8명의 트윗이 세상에 더 영향을 미치는 현실에서 우리는 목소리 없는 자들의 분노를 느껴야 합니다. 그들이 핍박받기에 마냥 순진한 것일까요? 그들도 언제나 괴물로 돌변할 수 있습니다. 제3세계의 군중이 언젠가 다시 캄보디아의 킬링필드와 중국의 문화 대혁명을 시작할지는 모르는 일입니다. 실제로 21세기 인도네시아에서 일어난 엘리트 화교를 향한 학살은 곧 무수히 많은 개도국의 엘리트들이 당도할 현실의 가능성입니다.

현대의 학교에서 교육받은 군중은 중동과 극동의 격변은커

[48] Roy Walmsley, "World Prison Population List," Institue for Criminal Policy Research. 해당 자료에 따르면 미국에는 2.2백만 명의 수감자가 있다고 하며 이는 미국 전체 인구의 1/150에 근접함.

[49] "National Poverty in America Awareness Month: January 2023," United States Census Bureau.

녕 자기가 사는 곳의 역사와 문화도 모르기 일쑤입니다. 그들은 목적 없는 힘을 추구하고, 자신을 발전시키기 위한 노력 대신 남을 판단하고 간섭하느라 시간을 낭비하고, 세계에 대한 자신의 지엽적인 시각에 만족하고, 심사숙고하는 이해보다는 길어보았자 몇 분 고민했을 법한 직관을 수용하면서 전세가 불리할 때만 다수결이 신의 목소리라는 헛소리를 하며 자신이 다수의 일부라는 이유로 논쟁을 피하고, 입버릇처럼 대중은 아직도 멀었다고 말하지만 자기가 그 무지몽매한 대중의 일부라는 것을 모릅니다.

　이러한 군중의 정신에 대하여 철학자 오르테가는 학교가 대중들에게 오로지 현대적인 삶의 기술만을 가르쳤을 뿐 계몽시키지는 못했다고, 대중들에게 열심히 생존 수단을 제공하기는 했지만 위대한 역사적 사명감을 심어주지는 못했다고, 그들에게 현대적인 도구의 힘과 긍지를 허겁지겁 전해주었지만, 그 정신을 심어주지는 못했다고 무참하게 비판했습니다. 아직도 21세기의 군중은 전공, 직업, 파트너, 여가생활과 같은 삶의 중요한 요소들을 진지한 고민과 깊은 안목 없이 결정합니다. 그 이유가 무엇인가요? 자신은 생각 없이 결정하여도 남들보다 잘 결정한다고 생각하기 때문인가요? 자신은 항상 남보다 낫다고 생각하기 때문인가요? 실제로 대부분 운전자, 투자자, 기업가는 자신을 평균 이상이라고 생각하며 그나마 자기 의심이 있어야 할 대학교수들조차 94퍼센트는 자신이 평균 이상이라고 생각합니다.[50] 그들은 수임료만을 중요시하는 변호사처럼 자기가 원하는 사실만을 취급합니다. 인터넷을 다양한 정보를 얻는 창구로 사용하지 않고 자신이 원하는 것만을 얻고 편견을 강화하는 도구로 이용합니다.

기술의 습득을 목표로 교육받은 현대의 군중은 같은 일만 반복하는 단순 무식한 존재가 되어버리고 판단력이나 도덕 감각을 자율적으로 사용하지 못해 자신의 한계에 만족하는 폐쇄적인 인간이 되기 쉽습니다. 20세기 영국의 정치철학자 이사야 벌린은 한 가지 이론으로 세상만사를 설명하려 드는 환원론자들을 '고슴도치'라고 불렀습니다. 이러한 고슴도치들은 한 가지에 만족하는 전문가를 목표로 한 교육을 통해 양산됩니다. 답 없는 질문을 피하면서 양면성을 부정하고 자신의 정책과 예측이 잘못됐을 수도 있다는 가능성을 전면 부인하는 고슴도

---

50 비난트 폰 페터스도르프 외 공저, 『사고의 오류』 p.122. 율리시즈 출판.

치들의 일상에 번져있는 극단적인 양자택일의 싸움들은 우리의 삶을 질적으로나 양적으로 개선하기는커녕 잘못된 열정과 관심을 유발하고 문제들의 해결책에 대한 기대와 수준을 낮추게 만드는 데 일조합니다. 또한 이 고슴도치들은 모든 제도적 장치가 제대로 작동하기만 한다면 세상은 더 나아질 것이라고 믿고 자신이 그 기계 부품 중 하나를 담당하는 것을, 특별히 남들보다도 더 비싼 부품을 담당하는 것을 자랑스럽게 여깁니다.

그러나 세상에는 고민 없이 따를 만한 매뉴얼이 존재하지 않습니다. 만약 경제학자가 어떻게 경제학이 존재하게 되었는지, 인류학자가 어떻게 인류학이 존재하게 되었는지, 철학자가 어떻게 철학이 존재하게 되었는지, 과학자가 어떻게 과학이 존재하게 되었는지, 종교인이 어떻게 종교가 존재하게 되었는지에 대하여 고민하지 않는다면 그 사회는 껍데기뿐인 인형들의 연극입니다. 그리고 군중은 자신의 역할이 어떻게 존재하게 되었는지 모르는 인형의 삶을 살아가고 있습니다. 군중은 자신이 처한 여건을 이해하지 않기에 정신이 늙었습니다. 그렇기에 군중은 포도주가 아닌 식초입니다.

2

공감

부족주의의 윤리학

19세기 프랑스의 철학자 토크빌은 미국을 여행하며 민주주의
가 위기에 대응할 수 있는 자질은 충분하지만, 위기를 막아내
는 힘은 약하다고 주장했습니다. 그것은 '어차피 어떻게든 해
결되겠지'라는 안이함이 만연하기 때문입니다. 실제로 대두되
는 문제도 비슷하고 문제를 해결할 사람들의 머릿수도 많아
보입니다. 하지만 그러한 사고로는 위기를 막아내는 힘을 가질
수 없습니다. 사회는 직관적으로 이해하고 넘어가기에는 어려
운 복잡한 억압과 협력의 아슬아슬한 줄다리기 관계로 유지되

고 있습니다. 우리가 서로 협력하여 문제를 해결하기 위해서는 버려야 할 것들이 있고 버리지 말아야 할 것들이 있습니다. 그러한 상황을 상기하지 않으면 위기는 계속해서 나타날 것입니다. 예컨대 역사 속 선조들이 보인 온갖 야만성은 우리에게 억압해야 할 본능도 있다는 것을 가르쳐 주었습니다.

친사회적인 성향[51]을 부추기는 '부족 본능'은 가족, 친구, 민족, 종교인 등 같은 범주로 묶인 사람들끼리만 애정을 나누게 하고 '타인'을 구별하고 배척하여 더 큰 공동체의 협업을 불가능하게 만듭니다. 한 예로 민족주의는 '민족 앞에 평등하다'라는 신화로 발현 초기에는 식민지 주민과 하층민이 권리를 얻기 위한 도구로써 사용되었지만 동시에 다른 민족을 깔보거나 적대하고 그들을 '적'으로 바꾸어 국민이 그들에게 공격적이고 잔학한 행위를 하도록 유도하면서 격렬한 호전성을 정당화하는 도구로도 사용되었습니다. 결국 집단에 대한 지나친 충성심은 르완다와 같은 국가에서 다른 인종에 대한 학살을 낳았습니다.

51 　이타적 의도와 계산적인 의도 모두에 따라 타인을 도우려고 하는 성향.

생산력의 폭발적인 반항을 일으켜 현대인에게 풍요를 가져 다준 자본주의도 민족주의와 같이 협력과 대립이라는 형태의 선택지를 동시에 두고 있습니다. 20세기 미국의 도덕철학자 로 버트 노직은 우리에게 자본주의의 두 가지 ○○ 비교○ 게끔 합니다. 첫 번째는 자유롭고 자발적인 교환, 수요를 채우기 위 한 공급자들과의 경쟁, 권위 없는 상황에서 각자의 이익을 추 구하는 생산자와 소비자들, 거래의 창시자가 아닌 당사자인 국 가와 집단, '각 개인의 서비스에 대한 보상으로 타인이 정한 것 을 받는 방식, 타인에게 희생을 강요하지 않는 원리'를 가지는 자본주의입니다. 그리고 두 번째는 국제적 약탈, 기업들이 외 국이나 국내 정부에게 뇌물을 주고 특권을 얻어 경쟁을 피하 고 특별한 지위를 이용하는 형태, 자원이나 시장을 얻기 위한 전쟁, 감독자나 고용주가 노동자를 지배하는 경향, 기업이 제 품이나 제조 공정의 유해한 영향을 은폐하는 자유방임주의의 자본주의입니다.[52] 우리는 지금 어떤 형태의 자본주의 세계에 서 살고 있습니까?

52 로버트 노직, 『무엇이 가치 있는 삶인가』 p.398. 김영사 출판.

우리는 민족주의와 자본주의라는 도구들이 협력보다는 대립을 일으키는 상황을 마주하고 있습니다. 심지어 협력을 가능하게 하는 '공감'조차도 인식의 한계에 굴복하여 매력적인 이성과 비슷한 배경의 아군만을 선별하여 편애하게 만드는, 그저 '우리'와 '그들'을 나눌 뿐인 부족주의의 유물로 변질되고 있습니다. 하지만 귀족 앞에 머리를 숙이던 부르주아를 일으키고, 부르주아 앞에 머리를 숙이던 아내들을 일으키고, 부르주아 아내들 앞에 머리를 숙이던 노예들을 일으키고, 비장애인에게 잊히던 장애인들을 일으키고, 그 모든 인간에게 희생당하는 동물의 권리를 일으키는 것은 부족주의의 공감이 아닌 '보편적인 윤리'를 통해 가능했습니다. 그러한 '보편적 윤리'가 있었기 때문에 유엔은 세계침략군이 아닌 세계평화유지군을 창설했을 것입니다.

'보편적인 윤리'로 모순된 현실을 망각하지 않아야 합니다. 시궁창 같은 현실에서 벗어나야 하는 수십억의 타인을 망각하는 것이 당장은 자신에게 어떤 피해도 주지 않을 수 있습니다. 그러나 영국의 소설가 가즈오 이시구로의 말처럼 과거는 유령과도 같아서 계속해서 현재를 떠다닙니다. 구더기 같은 편법의 잔재들과 술수 위에 세워진 평화는 오래가지 않습니다. 이것을 예견한 장자는 인간이 만든 법칙에 맹목적으로 복종하는 것은 아무런 의미가 없다고 말했습니다. 이미 세계 곳곳에서 종교의 원수조차 사랑하는 마음, 비폭력, 약자들을 위한 봉사는 살육과 극단주의의 믿음으로 변질되었습니다. 몸과 마음을 즐겁게 해주던 스포츠는 도박의 장터로 부패해졌습니다. 설혹 문제가 해결되었더라도 불합리했던 과거를 잊어서는 안 됩니다. 망각은 문제를 반복하게 하기 때문입니다. 소수자로서 억압받았던 자들이 다른 소수자들의 상황을 고민하지 않아 더 나은 세상을 향한 변화의 과정이 어처구니없는 참살극으로 난무할 수 있습니다.

폭력과 차별에 대한 경계심이 없는 곳에서는 변화의 노력조차 폭력이 될 수 있습니다. 핍박받던 자들이 자유를 외치며 항쟁하고 혁명을 일으킨다고 할지라도 자유는커녕 더 심한 검열과 불관용을 불러왔던 러시아 볼셰비키 혁명의 과오가 되풀이될 수 있습니다. 국민의 진정한 이익을 국민보다 더 잘 안다고 주장함으로써 자신을 정당화하며 국민에게 자유를 약속하고, 폭력으로 권력을 쟁취하고, 권력을 지키기 위해 수단과 방법을 가리지 않았던 소련은 20년 만에 당의 필요에 따라 얼마든지 국민의 자유를 빼앗을 수 있는 전체주의 국가로 탈바꿈

하고 말았습니다. 인류 역사상 수많은 황제와 지도자들이 자신의 목적을 위해 많은 사람을 희생시켰습니다. 프랑스 혁명 이후 일어났던 자코뱅파의 공포정치와 숙청의 시대도 변화를 원했던 운동가들이 만들어 낸 것이었습니다.

때때로 정체성은 억압에 의해 만들어집니다. 억압은 반복되는 갈등의 고리를 만듭니다. 그렇게 억압과 갈등은 망각 속에서 쉬지 않고 사람들의 기억 속에서 거듭 부활합니다. 과거를 잊지 않고 축적하여 지식을 쌓아 만물의 영장이 된 인류는 바로 그 이유로 발전과 후퇴라는 고리에 갇힙니다. 사람들은 과거의 잘못을 용서하지 못하고 끊임없이 복수하며 자비를 잃어버립니다. 그러나 우리의 삶은 우리만의 것이 아닙니다. 후대는 선대의 역사를 토대로 현실을 재창조합니다. 그렇기 때문에 다수의 성찰과 변화가 없으면 이 핍박의 고리는 끊어지지 않을 것입니다. 비록 우리는 비합리적이고 비인간적인 권력이 존재하고 서로가 서로에게 압제를 가할 수 있는 세상에 태어났지만 18세기 프랑스의 철학자 볼테르의 말대로 인간은 모두 불완전한 존재이기 때문에 서로의 실수를 용서하는 것, 이것이 우리가 따라야 할 첫 번째 자연의 섭리입니다.

더러운 야욕으로 인해 치러진 전쟁으로 인권을 유린당했던 포로들, 인종차별의 분노에 휩싸여 투치족을 학살한 르완다의 후투족들, 오클라호마에서 흑인들을 학살한 백인 우월주의자들, 독재 치하에서 비인간적인 유린을 행한 과학자와 교육자들, 전쟁을 부추긴 종교인과 민족주의자들. 이들은 질문과 성찰이 부재하고 폭력과 차별에 대한 경계심이 없는 곳에서 언제든 다시 나타날 수 있습니다. 그렇다면 과연 이런 비극적인 세상에 대한 책임은 누구에게 있을까요? 아우슈비츠 생존자인 작가 프리모 레비는 마지막 생존자 중에는 나치에 빌붙어서 동료들을 고발하던 자들이 과반수였다고 증언했습니다.

"강제수용소의 '구조된 자들'은 최고의 사람들, 메시지의 전달자들이 아니었다. (중략) 이기주의자들, 폭력자들, 무감각한 자들, '회색지대'의 협력자들이 살아남았다."[53]

비극의 생존자들조차 책임에서 자유롭지 못하다면, 나머지 방관자들의 책임은 두말할 필요가 없을 것입니다. 결국 비극적인 세상에 대한 책임으로부터 자유로운 사람은 아무도 없습

---

53   프리모 레비, 『가라앉은 자와 구조된 자』 p.97. 돌베개 출판.

니다. 왜냐면 문제는 홀로 존재할 수 없기 때문입니다. 문제는 그것을 받아들이는 공범이 존재할 때 공존할 뿐입니다. 그렇기 때문에 문제 발생 자체에 대한 숙고를 뒤로하고 문제 원인을 소수의 타인에게 돌려 그들을 원인으로 몰아가서는 문제를 해결할 수 없습니다. 그리고 문제를 해결하지 않고 그저 자신처럼 고통받는 사람들이 많다는 사실에서 위안을 얻는 사람들이 있습니다. 진정한 해결책을 찾기 위해 노력하기보다 같은 피해자들로부터 받는 위로를 임시 해결책으로 삼고 다시 일상으로 돌아가지 않아야 합니다. 자신처럼 고통받는 사람들이 많다는 사실은 현재의 고통스러운 삶을 유지할 변명이 아니라 자신같이 고통받는 사람들이 널려있으므로 모두가 변화를 실행해야 한다는 의미입니다. 연대는 허무감을 달래기 위해서만 존재하는 것이 아니라 문제를 같이 극복하기 위해서도 존재합니다.

우리가 과거와 현재의 역사적 과오를 직간접으로 겪으며 배운 것이 있다면 세상에 널려있는 온갖 문제들은 괴물같이 무자비한 존재들 때문이 아니라 널리고 널린 보통의 평범한 사람들의 무관심으로 일어난다는 것입니다. 작가 프리모 레비의 말대로 괴물들은 존재하지만, 실질적인 위협이 되기에는 그들의 수가 너무 적습니다. 오히려 가장 위험한 것은 보통의 사람들입니다. 사회에 만연한 문제들의 방관자, 가해자, 수혜자로 살아가는 군중은 남이 아닌 자신이 세계 문제들의 공범임을 인식해야 합니다. 침묵은 무덤 속에서도 할 수 있으니 살아가는 시간에 침묵하지 않아야 합니다. 그 누구도 집단의 문제들로부터 자유롭지 않습니다. 우리의 책임은 남에게 피해를 주지 않는 선에서 아무렇게나 하고 싶은 대로 산다고 끝나는 것이 아닙니다. 그렇게 사는 순간 필연적으로 인간은 남에게 피해를 줍니다.

세상이 악하다고 가정할 때 그 세상에서 무지몽매를 방패 삼아 배부름에 얹혀사는 자들은 과연 면책받은 순진한 새끼 송아지일까요? 자기 자식을 위한다고 보험과 예금을 남겨 놓고는 전쟁을 지지하여 결과적으로는 폐허로 변한 고향을 남겨 준 20세기 초의 유럽인들, 수백만 명의 아프리카 아이들이 비타민 A 결핍으로 시력을 잃는데 GMO 식품이라는 이유로 비타민 A가 풍부한 쌀의 배급을 거부한 그린피스, 행복하고 공정하고 평화로운 세상을 꿈꾼다고 말하지만, 시리아의 난민과 중동의 내전에 관한 관심은 뒷전이고 노래방에서 존 레넌의 이매진(Imagine)이나 노래하는 자칭 면책받은 순진한 새끼 송아지인 그들에게 18세기 영국의 정치인 에드먼드 버크의 말을 전합니다.

"선량한 이들의 수수방관은 악이 승리하는 유일한 조건이다."

3

신념

독단의 보증서

우리가 가진 공동의 목초지는 민주주의에 근간한 열린 사회입니다. 이 민주주의 사회에서 권력욕에 심취한 선동가의 부상과 직권 남용은 자신들의 선거 승리에는 도움이 되는지 모르겠지만 민주주의라는 시스템을 해치고 합리적 정책을 펼쳐나갈 수 없게 만듭니다. 선거 승리라는 결과를 위해서 수단을 가리지 않으면 종국에는 그런 수단을 시도할 만한 장소가 사라질 것입니다. 마치 자신만의 사유지는 아끼느라 보전하면서 모두에게 개방된 목초지에서만 소를 방목하면 개방된 목초지는 결국

황폐해지는 것처럼 말입니다. 그렇기 때문에 아무리 개인의 자유가 중요하더라도 자유를 위한 규제가 전혀 없으면 소설 『파리 대왕』[54]과 같은 세상이 현실이 될 것입니다. 그런 점에서 고대에 군주와 군대가 보장하는 규율이 없었다면 인류 사회는 끊임없이 전쟁이 일어나는 원시 상태로 남아 있었을 것이라는 현대 군사 역사가들의 분석은 무척이나 예리합니다.

자신의 자유와 마찬가지로 타인의 자유를 보장하는 규칙을 무시하는, 오로지 힘으로 목청을 높이거나 자신의 기준으로 타인의 주장을 듣기조차 거부하는 사람들에게 가하는 철학자 오르테가의 일침은 의미심장합니다. "기준으로 삼을 규칙이 없는 곳에는 교양이 없다. (중략) 기준으로 삼을 시민의 합법적인 원칙이 없는 곳에는 교양이 존재하지 않는다. 토론하면서 상대방의 최종 입장을 존중해주지 않는 곳에는 교양이 존재하지 않

---

54 1954년에 발표된 윌리엄 골딩의 소설이다. 핵전쟁으로 인해 영국을 피해 피난 가던 아이들을 태운 비행기가 공격받아 한 섬에 추락한다. 문명과는 전혀 동떨어진 곳에 고립된 소년들은 조금씩 야만인으로 변질되고 정체불명의 외부 존재에 대한 두려움과 생존의 위기로 인해 오로지 힘만이 유일한 가치가 되어 인간성을 상실하는 모습이 그려져 있다. 인류가 지켜야 하는 보편적 가치들이 무너지면 약육강식과 각자도생의 사회가 도래한다는 내용으로 1983년 노벨문학상을 받았다.

는다."[55]

　개개인 모두가 고유한 삶의 가치와 의미를 갖는 것은 당연합니다. 그러나 우리는 의견의 자유를 보장하는 헌법을 가지고 있지 다른 사실을 보장하는 헌법을 가지고 있지 않습니다. 더 이상 지엽적으로 살아가지 않을 수밖에 없는 우리가 공유하는 새로운 세상에서는 명시적인 사실을 공통 통화로 사용해야 합니다. 사실에 근거한 공통 통화가 없이는 정확한 대화는 성립하지 않기 때문입니다.

　인류는 '협력'으로 경쟁과 험담으로는 이루어내지 못했을 많은 것들을 이루어냈습니다. 그 결과 수명의 증가, 탈 노예적 삶, 한 지역에 얽매이지 않는 삶을 포함하여 과거 어느 왕족들도 누리지 못했던 항공 여행과 냉장고를 얻었습니다. 전 세계 과학자들의 협업을 통해 뛰어난 효율을 자랑하는 핵융합이 비록 시험단계지만 스위스에서 'ITER'이라는 이름으로 건설되고 있습니다. 미래의 전기세를 무료로 만들어 줄 기술입니다.

55　오르테가 이 가세트, 『대중의 반역』 p.100. 역사비평사 출판.

이처럼 인류를 야만에서 벗어나게 해준 '협력'은 서로에게 약간의 희생이 요구될지라도 혼자서는 이룰 수 없는 큰 발전을 이루어낸다는 '공통의 인식'이 있었기 때문에 가능했습니다. 불이 난 건물에서 혼자 살겠다고 앞다툴 때보다 모두가 질서 있게 대피할 때 생존율이 더 높습니다. 그러나 안타깝게도 합리성이 앞서는 행동은 직관적인 죽음처럼 큰 현실을 눈앞에 둔 상황에서만 발생합니다. 산불처럼 단순명쾌하게 규정할 수 있는 악당이 지금은 존재하지 않습니다. 21세기의 위기는 회색 연기를 내뿜지 않으면서 재귀적으로 커지고 있습니다. 이제 기근을 걱정하지는 않지만, 초대형 태풍과 허리케인을 걱정해야 합니다. 느려 터진 오프라인 서류 작업을 걱정하지 않지만, 온라인으로 연결된 작업에 대한 해커들의 공격을 걱정해야 합니다. 코로나 이후에 올 더 큰 팬데믹을 걱정해야 합니다. 중동의 테러보다 주변의 외로운 늑대들을 걱정해야 합니다.

공작은 자신의 면역체계가 훌륭하다는 것을 증명하기 위해 꼬리를 길게 만들어 암컷을 유혹하지만, 그것의 거추장스러움으로 인하여 종 전체의 생존율은 크게 낮아졌습니다. 공작은 서로의 생각을 토대로 합의하여 꼬리 길이를 일정 수준으로 낮추지 못합니다. 개인과 전체에게 모두 이득이 되는 번영을 만들자는 합의를 끌어내지도 못합니다. 아마도 자신의 꼬리가 길다는 것을 불편해하지도 않을 것이며, 오히려 표적이 되어 잡아먹힌 동료들을 재빨리 기억에서 지워버릴 것입니다. 또한 아름다움을 과시하는 꼬리가 성공을 위한 유일한 도구라고 확신하기 때문에, 꼬리에 대한 집착은 좀처럼 사라지지 않을 것입니다. 우리는 지금 서로 간의 무한경쟁을 통한 발전과 상호 이익적인 우호적 협력을 통한 발전 사이 어디쯤 서 있는 것 같습니다. 다행히도 공작과 다르게 인간은 자손을 널리 퍼뜨리고 경쟁하라는 이기적인 명령만이 아니라 사회적 욕구와 논리적 욕구에도 반응하며 부족하더라도 '공통의 인식'을 발휘하고 집단으로서 살아갑니다. 그렇기에 우리는 전 지구적인 협력을 하고 있습니다.

그런데 입국 난민들을 향해 내뱉은 온라인에서의 폭언은 과연 우리가 변화에 준비된 상태인지 자문하게 만듭니다. 세계는 준비된 상태에서 변화하지 않습니다. 변화하지 못하면 도태되는 것은 적자생존의 법칙에서조차 자연스러운 현상입니다. 세계화의 가속으로 생김도 다르며 언어도 다르고 습관도 다른 사람들과 어울려 사는 것이 이제는 특이한 일도 아닙니다. 나이 서열, 운동 경기, 신체 장식, 달력, 청결 훈련, 공동체 조직,

요리, 협동 노동, 우주론, 구애, 춤, 장식 예술, 점, 분업, 해몽, 교육, 종말론, 윤리학, 식물학, 예절, 신앙 치료, 가족 잔치, 불 피우기, 민간전승, 음식 금기, 장례 의식, 놀이, 몸짓, 선물 주기, 정치 체제, 인사하기, 머리 모양, 환대, 주택, 위생, 상속 규칙, 농담, 혈연 집단, 혈연 명명법, 법, 행운, 미신, 주술, 혼례, 식사 시간, 의약, 조산술, 처벌, 개인 이름, 인구 정책, 양육, 임신 관례, 재산권, 사춘기 풍습, 종교의식, 거주 규칙, 성적 규제, 영혼 개념, 지위 분화, 외과수술, 도구 제작, 거래, 방문 등에 대하여 모두 다른 판단과 가치관을 따르고 있는 사람들이 섞여 삽니다. 이러한 차이를 인정하고 극복하기 위해서라도 우리에게는 변화를 풀어나갈 수 있는 더욱 진보한 '공통의 인식'이 필요합니다.

   그러한 '공통의 인식'은 미국의 도덕철학자 샘 해리스의 말대로 핵확산, 집단학살, 에너지 안보, 기후변화, 빈곤, 그리고 실패하는 학교 등의 근본적인 문제에 더 관심을 가져야 합니다. 왜냐면 자신만의 도덕적 기준을 내세우며 독단의 함정에 빠지면 모든 것이 낭비되기 때문입니다. 예를 들어 자신은 문란한 성생활에서 벗어나지 못하면서 오히려 동성애자를 비정상인으로 규정해야 한다는 논쟁에 많은 시간을 허비하는 것은 도그마에 빠진 자의 시간 낭비입니다. 과학철학자 칼 포퍼의 말대로 추상적인 선을 실현하려고 하지 말고 구체적인 악을 제거하기 위해 노력해야 합니다. 잘못된 행동들에 대한 근본적인 요인들이 무관심에 묻혀 통찰되지 못한 채 분노와 처벌만이 정의라고 외친다면 우리가 비판하는 과거의 수많은 문제는 끝나지 않을 것입니다. 문제의 원인을 찾아보고 근원적인 해결책을 구하기보다 '눈에는 눈, 이에는 이'의 팃포탯 전략을 앞세워 독단적 신념에 어긋나면 즉각적으로 권선징악(勸善懲惡)이라는 처벌의 매로 모든 문제에 똑같이 반응하면 세상은 곧 장님으로 가득 차게 될 것입니다.

의심할 여지가 없어 보이는 많은 것들이 실은 불확실하다는 것을 깨닫기 위해서는 독단론이 제거되어야 합니다. 그래야 협소한 목표들로부터 해방되어 사고의 폭을 넓혀서 불합리한 시대의 모순된 관습들로부터 현실을 지킬 수 있을 것입니다. 근거 없어 보이는 타인의 믿음을 공격할 때 사용하는 냉정한 논리를 자신의 믿음에도 사용해야 합니다. 타인의 판단을 신뢰할 이유가 별로 없는 것만큼 자신의 판단을 신뢰할 이유도 별로 없기 때문입니다. 그러나 아직도 극단적인 믿음에 의지하여 살아가는 사람들이 있습니다.

지난 세기말에 폭등한 근본주의 종교 운동들은 많은 사람이 우연성과 허무함에 두려워하고 있다는 것을 보여주었습니다. 어쩌면 그들은 우리가 창백한 푸른 점 위에 살아간다는 사실과 삶의 유한성을 극복하지 못했다는 사실로 인해 우리가 무의미한 존재라고 느껴 안도감을 가지기 위해 그러한 믿음에 의지하는 것일 수도 있습니다. 그러나 세상에서 영원한 것을 찾지 못했다고 탄식하는 것은 억지스러운 논리의 비약입니다.

영화의 스크린이 광자일 뿐이라고 해서 그 감동이 무의미한 것은 아닙니다. 인간 신체의 99퍼센트가 세 가지 원소로 만들어져 있다고 해서 우리가 그 이상의 의미를 갖지 못하는 것은 아닙니다. 분명 세상은 인류가 아무리 대단한 유산을 개발한다고 할지라도 멸망할 가능성을 가지고 있습니다. 우주의 팽창하는 속도가 중력보다 빨라져 원자들조차도 갈기갈기 찢기고 팽창 속도가 빛의 속도까지 따라잡아 모든 입자가 영원히 상호작용하지 못할 수도 있습니다. 엔트로피가 증가해 열은 사라지고 블랙홀을 포함한 모든 에너지원이 흩어져 얼어붙을 수도 있습니다. 그러나 장기적으로 보면 모두가 죽으니 아무것도 하지 말자고 외치는 염세주의자들의 말에 맞장구를 칠 수는 없습니다. 상상할 수 있는 최악의 미래를 기다리며 그러한 미래를 갖게 될 현재는 아무 의미 없다고 여기는 것은 무책임한 독단입니다.

되려 우리는 상상 가능한 최상의 미래를 그리며 그러한 미래를 갖게 될 현재가 의미 있다는 믿음을 가져야 합니다. 그 믿음을 가지기 위해서는 현상이 우리의 믿음에 따라 변화 가능하다는 것을 인식할 수 있어야 합니다. 그리고 그러한 인식은 타인에게 복종함으로써 얻어질 수 없습니다. 셰익스피어의 말대로 '누구의 소유물이 되기에는, 누군가의 제 이인자가 되기에는, 또 어느 왕국의 하인이나 도구가 되기에는 너무 고귀하게 태어난'[56] 인간은 타인의 기준이 아니라 자신의 기준을 추구하며 살아가야 합니다. 그래야 인간은 타인의 의지가 아닌 자신의 의지로 변화를 만들어 낼 수 있다는 것을 실감할 수 있기 때문입니다.

남들이 나에게 맞추어 살 수 있게 기대할 수 없는 것처럼 우리도 남에게 맞추어 살아가지 않아야 합니다. 타인의 관념과

---

56 셰익스피어, 『존 왕』, 리처드 2세의 독백.

이념을 맹목적으로 추종하여 형성된 정체성을 자신의 경험과 배움으로 점검해야 합니다. 실제로 좋은 것이라면 강요가 아니라 개인의 사유로 이해되어야 합니다. 도그마의 함정에서 벗어나 자신의 지성을 사용하는 자들이 공통의 인식을 가질 때 우리는 공동의 목초지를 유지하며 공통의 문제들을 해결해 나갈 수 있을 것입니다.

18세기 독일의 철학자 임마누엘 칸트는 이렇게 말했습니다. "미성숙이란 다른 사람의 지도 없이는 자신의 지성을 사용하지 못하는 무능력의 상태를 말한다. 자기에게 책임이 있는 미성숙이란 지성이 없어서가 아니라 다른 사람의 지도 없이는 지성을 사용할 결단력과 용기를 내지 못하기 때문에 미성숙에 머무는 경우다. 그러므로 과감히 알려고 하라! 그대 자신의 지성을 사용할 용기를 가져라!"[57]

57 임마누엘 칸트, 『칸트의 역사철학』 p.13. 서광사 출판.

4

전문가

관망자들의 인플루언서

플라톤은 스승인 소크라테스를 주인공으로 희곡 형식을 사용하여 그의 사상을 정리하였습니다. 그중에서도 소크라테스가 친구 메논과 미덕이 가르칠 수 있는 것인지에 대하여 나눈 대화를 기록한 대화편 「메논」에는 수학적 지식과 관련한 실험자료가 들어 있습니다. 소크라테스는 메논에게 지식은 가르쳐서 생기는 것이 아니라 '회상'을 통해 얻어지는 것이라고 주장합니다. 이에 대해 메논은 그러한 주장을 입증해 주기를 요청하고, 소크라테스는 이를 수락합니다. 이를 위해 소크라테스는 메논이 데리고 온 노예 소년을 대상으로 기하학적 내용의 지식을 '회상'시키는 일종의 기하학 사고 실험을 합니다. 이 실험을 통해 소크라테스는 메논에게 자신이 노예 소년에게 무언가를 가르친 것이 전혀 없음을 보이고, 그런데도 소년은 주어진 정사각형의 2배의 넓이를 갖는 정사각형의 한 변의 길이는 주어진 정사각형의 대각선의 길이와 같다는 기하학적 명제를 알게 되는 과정이 '회상'에 의한 것임을 설명하며 누구나 수학적, 언어적 능력을 갖추고 있다고 증언했습니다.

20세기 독일의 철학자 카를 야스퍼스는 그의 저서 『철학입문』에서 누구나 철학적 소양을 갖추었다고 증언했습니다. 예컨대 그 증거 중 하나가 바로 철학을 배우지 아니하였지만, 내면에 가지고 있는 지극히 철학적인 어린아이들의 의문입니다. 한 아이가 말합니다. "난 말이야. 항상 내가 나와 다른 인간이라고 생각하려고 해 보거든. 하지만 결국 나는 언제나 나야." 또 다른 한 소녀가 말합니다. "신이 태초에 천지를 창조하셨다고 하잖아? 그러면 처음 이전에는 뭐가 있었을까?" 산책하다가 숲속 묘지 앞에 다다른 한 소녀에게 어느 어른이 말해줍니다. 밤마다 거기에서 둥글게 손을 잡고 노는 요정이 나온다고 말입니다. 소녀는 생각합니다. "그런데 요정이라는 게 정말 있을까요?" 또 다른 소녀는 남의 집을 방문하며 계단을 올라갈 때 다음 사실을 생생하게 느낍니다. 즉 모든 것이 항상 다른 것이 되며, 흘러가고 지나가 버려서 마치 이전에는 존재하지 않았던 것처럼 되어버린다는 사실을. 그리고 그녀는 이렇게 생각합니다. "그래도 뭔가 확실한 것이 있으면 좋을 텐데. 지금 내가 계단을 올라 아주머니를 만나러 가고 있다는 사실, 이것 하나만큼은 꼭 확실한 거였으면 좋겠어."[58]

카를 야스퍼스의 말대로 이 아이들이 남의 말을 베꼈다거나 이런 초보적인 철학적 생각 이상으로 철학을 하지 않는다는 것은 제대로 된 반론이 아닙니다. 그런 말을 했다는 것은 우리가 자신의 과거를 잃었기 때문일 것입니다. 모든 어린아이는 독창성을 지녔지만 성장함에 따라 그것을 잃어버립니다. 야스퍼스는 이러한 현상을 비판했습니다. "인간은 나이를 먹을수록 마치 인습과 은폐라는 감옥에, 또 우리가 자명하다고 믿는 것들의 감옥에 갇혀 어린아이의 자유로운 태도를 잃어가는 듯하다."

---

58 카를 야스퍼스, 『철학학교 / 비극론 / 철학입문 / 위대한 철학자들』 p.230. 동서문화사 출판.

학교에서 성공한 기업가나 정치인, 유명인을 배출하는 것은 최고의 자랑거리입니다. 그들은 졸업식의 특별 연설자로 혹은 특별활동의 강연자로 종종 초대됩니다. 과거 저는 이름만 대면 알만한 미국의 성공한 사람 중 한 사람으로 불리는 연사의 강연을 듣고 그를 직접 대면하기 위해 무척 기대하는 마음으로 줄을 서서 몇 시간을 허비한 적이 있습니다. 호기심과 질문이 많았던 때라 강연 끝까지 자리에 남아 그와 대화를 나누었습니다. 그러나 그의 말은 알맹이 없이 자신을 자랑하는 말뿐이었습니다. 그와 같은 연사들의 연설에 나오는 미사여구와 유머가 가리는 실상은 교육이 삶에 대해 고민하고 질문하는 인간을 만들어내지 못하고 한 분야만 아는 편향된 전문가들과 모든 배움의 목적을 소득의 향상으로 귀결시키는 답답한 인간들을 양산했다는 것입니다.

과연 학교가 겨우 전문교육을 가르칠 뿐이라면 자격증과 학위는 다르지 않습니다. 19세기 영국의 철학자 존 스튜어트 밀은 대학의 목적이 유능한 변호사나 의사나 기술자를 배출하는 것이 아니라 능력 있고 교양 있는 인간을 만드는 것이라고 했습니다. 우리는 교육을 통해 일의 터전이 아니라 삶의 터전을 얻는 방법을 배워야 합니다. 그러한 점에서 지금의 학교는 존재 가치를 많이 상실한 것 같습니다. 이제 학교는 바뀌어야 합니다. 그렇지 않는다면 학교는 자퇴생을 양성하는 공장이 될 것입니다.

더 가치 있는 삶을 위해 서로를 죽일 듯이 경쟁하고, 성공한 다음에 인류애를 논의하자는 것은 파괴로 향하는 지름길입니다. 저는 청소년 시절 많은 나라에서 생활할 수 있었던 경험 덕분에 어느 나라건 무수히 많은 학생이 쓸모없는 것들을 배우며 노예처럼 살아갈 준비로 십수 년을 낭비하는 현실에 괴로워하는 것을 보았습니다. 그들은 사색할 여유와 지성의 추구라는 뚝심도 없이 어른들의 방임으로 자신만의 세상에 빠집니다. 사회라는 전장에 나열된 수준 낮은 전리품 중 몇 개를 마음이 끌리는 대로 혹은 남들이 하는 대로 몇 개를 골라잡고 자신이 선택한 삶의 전리품이라고 말하며 안도하고 있습니다. 그것은 흡사 우상을 끌어안고 안도하는 것과 같습니다.

우리는 자신이 발을 딛고 있는 분야에서 대단한 업적을 세운 존경받는 사람들과 조금이라도 닮은 부분이 있는지, 혹시 그들이 이룬 업적에 열광하며 숭배만 하고 있지는 않은지, 그들의 시대에 태어났더라도 여전히 *그*들을 따르기만 했을 것인지 자문해야 합니다. 인공지능이 가져올 새로운 패러다임에 대비하여 새로운 직업교육을 만들어야 한다고 외치는 교사들이 과연 100년 전 한국이라는 오지에 찾아와 학교를 세운 선교사들과 같다고 할 수 있을까요?

7세 이하 어린이들이 유튜브나 TV, 스마트폰에 노출되는 시간이 기하급수적으로 늘어나고 있습니다. 하루 중 일정 시간을 규칙적으로 떼어내어 책을 읽고 토론하는 아이들이 몇 명이나 될까요? 미국 교육부에 의하면 미국 10대의 평균 독해 능력이 윗세대의 평균보다 현저하게 낮아졌다고 합니다.[59] 이러한 실패의 원인이 아이들의 능력 부족 혹은 우둔함 때문은 아닙니다. 우리는 넘쳐나는 식량과 엔지니어, 교사들을 이미 갖추고 있습니다. 당장 우리 주변만 보더라도 잉여자원 덕분에 사치에만 집중하는 사람들, 교정시설에서 살아가는 범죄자들, 사소한 일밖에 하지 않는 백수들이 넘쳐나는데도 세상은 별 탈 없이 돌아갑니다. 불거지고 있는 여러 문제의 진짜 이유는 자원과 여유가 없다기보다는 의지가 부족하고 그저 관망하는

59 Ollin Binkley, "Math and reading scores for American 13-year-olds plunge to lowest level in decades." (Associated Press, 2023)

사람들이 많기 때문이라고 보아야 합니다.

선진국의 수백만 명의 학생들은 자유로이 고전을 읽고 품위 있는 생활을 영위하면서도 그와 비슷한 숫자로 매년 죽어가는 극빈곤층에 대해서는 대부분 무감각합니다. 한 국가의 자동차 판매액만큼도 되지 않는 전 지구적 구제액과 비효율적인 구제 프로그램들을 변함없이 유지하는 것에도 관심이 없는 수많은 종교인과 사회운동가들이 넘쳐납니다. 애국심을 자극하는 잘 만들어진 다큐멘터리를 보고 "정말 내가 태어난 곳이라서가 아니라 솔직히 '내 나라'가 제일 살기 좋은 곳인 것 같아!"라며 고무되어 외국인 친구들에게 의기양양하게 말합니다. 결국 그들은 국수주의자와 다를 바 없이 되어 약 7억 명에 달하는 사람들이 절대빈곤 아래에서 살고 있다는 사실이 그렇게나 사랑하는 조국의 인구의 몇 배라는 점은 인지하지 못합니다.[60]

이러한 군중은 자신이 자유롭다고 생각하여 이러한 모순의

---

60 Marta Schoch and others, "Half of the global population lives on less than US$6.85 per person per day," World Bank Blogs.

책임으로부터 자신이 자유로운 듯이 생활합니다. 한국에서 독실한 기독교인이 중동에서 태어났다면 여지없이 이슬람교도라는 정체성에 의지하여 완벽히 다른 삶을 살았을 것입니다. 하지만 그들은 환경에 지배받지 않는 온전한 자유가 자신을 기독교인으로 만들었다고 생각하기에 전혀 그렇게 생각하지 않습니다. 그 말을 증명할 방법은 이슬람교도의 가정에서 자라는 방법밖에 없음에도 말입니다. 타자가 자신과 다를 바 없음을 무시하고 자신의 유일무이함을 타자의 유일무이함보다 위에 두고 타자의 삶의 방식을 관망하고 이해하지 않는 군중의 삶은 줏대 없는 삶입니다. 그처럼 쉽게 얻은 삶은 쉽게 사라지고 가벼운 삶은 똑같이 가볍게 대체됩니다.

우리는 문제의식을 가지되 선동되지 않는 태도로 생리적 영역 너머의 문제들에 눈을 떠야 합니다. 사회문화적 상황을 주어진 것으로 간주하지 않고 비판적이고 논리 정연하게 바라볼 줄 알아야 합니다. 그러기 위해서 우리는 관망하는 태도의 삶은 어떻게 해서든지 소멸시켜야 합니다. 그렇다면 관망하기를 멈추고 책임을 지는 삶은 어떻게 해야 가능할까요? 자신만의 환경에서 나오는 편견을 배제하고 고향 너머 세상(타 문화, 타 국가, 타 언어)에서 자신을 더 객관적으로 바라보는 것. 천문학에서 하늘을 보고, 역사와 생물학에서 인류의 이야기들을 듣고, 인류학에서 여러 가지 삶의 방식들을 관찰하고, 스스로 삶의 방식을 이해하려 노력하는 것. 최소한 이러한 과정이 있어야만 지구 반대편 타인의 삶을 이해하고 관망하는 태도를 소멸시킬 수 있을 것입니다.

5

상대주의

쇠사슬에 묶일 자유

우리는 수많은 사람이 자신만의 미로에 빠져 헤매는 광경을 목격하고 있습니다. 각자의 삶이 자유로워서 자신이 하고 싶은 것을 마음대로 할 수 있고 자신에게 오롯이 집중할 수 있으므로 이것이 때때로 이상적인 상황인 것처럼 보이기도 합니다. 그러나 실상은 자기 자신을 상실한, 무엇을 해야 할지 모르는 공허한 상태로 미궁 속에 갇힌 것입니다. 혼자 있는 자신을 발견하면 어쩔 줄 몰라 하며 뭔가를 채우기 위해 내키는 대로 자기 자신을 위장하고 내 것이 아닌 것들에 몰두합니다. 캐나다

맥길 대학의 철학자 찰스 테일러와 20세기 스페인의 철학자 오르테가의 말처럼 이기주의는 아무 곳으로도 인도하지 못하고, 그 내부를 거닐다가 길을 잃게 만드는 미로와도 같습니다. 내가 이기적으로 내 삶의 내부에서만 걷기로 한다면 나는 앞으로 나가지도 못하고 그 어느 곳에도 이르지 못합니다. 시대의 요구들에 정면 대립하면서 역사나 연대적 고리를 차단해 가면서 오직 자아숭배의 미로에 빠져 골몰하고 있는 현대 문화의 생활 양태들 속에서 이상은 진부한 삶을 따라가며 스스로 파괴되고 있습니다.[61]

인생의 의미를 추구하며 진정한 자아를 실현하고자 하는 사람은 자신의 존재를 가능하게 만든 세상의 조건들을 지평 앞으로 끌어내야 합니다. 자기 폐쇄적 삶은 필연적으로 자아를 부숩니다. 철학자 찰스 테일러의 말처럼 자기 폐쇄는 이상이 실현될 수 있는 조건들을 파괴하기 때문입니다. 달리 말하면 내 삶에 의미가 있는 모든 것들을 배경에 두고서야 우리는 자기 정체성을 규정할 수 있습니다. 좁디좁은 나 자신 속에 들어

---

61   오르테가 이 가세트, 『대중의 반역』 p.195. 역사비평사 출판.

있는 것들에 몰두하고 이것들을 제외한 역사, 자연, 사회, 연대와 같은 것들을 괄호 속에 묶어버려 무시하는 것은 내 삶에 의미 있는 모든 가능한 사항들을 배제하는 것입니다. 따라서 역사와 자연과 타인의 요구, 시민의 의무 등의 조건들이 모두 포함되어야 진부하지 않은 나의 정체성을 스스로 결정할 수 있습니다. 정체성은 자신을 넘어서는 영역으로부터 오는 요구들과 적대적인 관계가 아닙니다. 정체성은 오히려 그러한 요구를 필요조건으로 전제합니다.[62]

이기주의는 자기 자신을 넘어서는 영역의 요구들로부터 자신을 소외시킵니다. 모든 해답을 자기 혼자서 자기 안에서 찾고자 하면 결국 자아숭배의 광신에 이릅니다. 그렇게 광신은 불화를 일으키고 불화는 불의를 낳습니다. 자아숭배는 아무리 선한 의도를 가져도 그것을 실현할 현실을 외면하게 합니다. 결과적으로 이상은 현실에서 구현되기 어렵고 되레 불의를 낳는 악순환을 반복합니다. 그리고 이러한 자아숭배의 근간을 이루는 자기 자신에 대한 광신은 타인의 가치와 관점을 이해할

62   찰스 테일러, 『불안한 현대 사회』 p.59. 이학사 출판.

수 없다는 태도로 인해 더욱 굳어지고 있습니다.

분명 우리는 모두 다른 환경에서 다른 인생을 살아왔고 다른 말과 글과 생각을 접하며 살아왔습니다. 그러나 정치철학자 이사야 벌린의 말대로 인간 본연의 형식과 성격을 유지한 채 추구할 수 있는 인간적인 가치는 그 수가 한정되어 있습니다. 그 개수가 어떻게든 한정적인 것만은 사실입니다. '가치'라고 불리는 것들은 무한정 존재하지 않습니다. 어떤 사람이 그러한 가치 중 하나를 추구할 때 내가 그 가치를 따르지 않는다고 해도 그 사람이 그 가치를 왜 따르는지 이해할 수 있도록 하는 것이 다원주의의 기능입니다. 즉, 그가 처한 상황에서라면 나역시 그 가치를 따르게 될 것임을 인정할 수 있습니다.

문화와 기질이 여러 가지로 존재하듯이 이 세상에는 본보기가 되는 이상도 여러 가지로 존재합니다. 이러한 다원주의를 인정해야 다양한 가치를 접하고 자아숭배의 근간을 이루는 상대주의적 사고로부터 벗어날 수 있을 것입니다. 바로 이 지점이 이사야 벌린이 말한 인간적 이해의 가능성이 싹트는 지점입니다. 이러한 이해가 없이 자신만의 가치에 대한 광신으로 타자와 불화를 일으키고 불의를 낳을 경우 우리는 심지어 관용의 정신으로조차 불관용의 사태를 일으킬 수 있습니다.

예컨대 관용의 정신을 헌법에 새긴 미국과 영국은 20세기 이란에서 쿠데타 세력을 지원하였고 결국 세속주의 민족주의자 모사데크는 축출되고 허수아비 팔레비 국왕이 들어왔습니다. 민족주의와 세속주의를 향한 자신들의 노력이 자신들이 닮고자 했던 서방에 의해 자멸 당하자 이란 대중은 정치적 해결책을 버리고 극단주의를 해결책으로 선택했습니다. 결국 미국은 아랍과 남미의 정권을 자신의 입맛에 맞게 갈아치우다가 그 값을 치렀습니다. 영국과 미국의 탐욕으로 서아시아에서 가장 진보적이었던 이란은 시아파 지도자의 혁명에 무너졌으며, 이집트 사다트 대통령의 평화주의는 이집트 청년들의 이슬람 극단주의 학생 운동에 무너졌습니다. 이처럼 인간적 이해의 가능성이 싹트는 지점을 이탈하면 실수는 반복될 수밖에 없습니다.

20세기 영국의 철학자 버트런드 러셀은 "인생의 폭이 협소할수록, 우연한 사건이 우리 인생의 모든 의미와 목적을 마음대로 주무를 수 있게"된다고 말했습니다.[63] 외부 세계로부터 자신을 격리하여 인생의 폭이 협소해지는 자들은 우연한 사건에 삶의 목적을 포함한 자신의 정체성을 빼앗깁니다. 그리고 시대의 편견으로 얻어진 사회적 위치에 집착합니다. 우연한 사람과의 관계에 중독되기를 서슴지 않으며, 인생 최악의 날에 받은 깊은 상처들을 운명으로 받아들이고 상처에서 벗어나기를 오히려 두려워합니다. 왜냐면 그것들이 참 쉽게 얻을 수 있는 정체성이고 사고가 빈약한 자들에게 그 정도면 이미 인생의 영원한 정체성이기 때문입니다. 이들은 자신에게 근거 없이 구별 지어진 개인차를 유일무이한 정체성으로 극대화하며 그곳에 관심을 집중하고 새로운 자신으로의 변화를 스스로 억압합니다.

예컨대 조던 신발을 신고 벤츠를 운전하는 25살의 중국인이라는 사실은 그가 유인원과 별반 다를 것 없는 신체를 가졌고 성층권에서 생존할 수 없다는 사실보다도 그에 대하여 훨씬 적은 정보를 주지만 청소년 시절 미국으로 유학하러 온 무

---

63 버트런드 러셀, 『행복의 정복』 p.246. 사회평론 출판.

수히 많은 부유한 중국 유학생들이 가지는 일상은 그 적을 수밖에 없는 취향이라는 차이점을 개성의 수준을 뛰어넘어 '차이를 위한 차이'로 만드는 낭비로 채워지고 있었습니다. 그들의 기형적 삶의 태도는 그들과 별반 다르지 않은 평범한 군중의 삶에서 차이를 위한 차이에 몰두하는 삶의 방식으로 퍼져나가고 있습니다.

자기 폐쇄적 삶의 방식을 상대주의적 사고로 정당화하는 자들은 20세기 후반 아프리카와 아시아의 대기근 때문에 굶어 죽는 가족을 지켜봐야만 했던 사람들, 나이가 곱절은 많은 노인에게 딸을 시집보내야 했던 가난한 이슬람 부모들, 마녀사냥으로 어머니를 잃어야 했던 아이들, 고대 중국에서 군주들이 땅과 성벽을 빼앗느라 들판에 시체가 가득 찬 시절을 견디던 평민들이 살던 시대에 태어났더라면 오히려 체념하여 그러한 현실에 저항하지 않고 스스로를 억압해 변화를 가져오지 못했을 군중입니다. 그들은 애당초 그러한 시대를 탈출해 현재의 세상을 만드는 데 조금이라도 기여하지 못했을 것입니다.

이 군중은 인도의 쓰레기 마을에서 부모의 도박 빚으로 장기가 축출되고 쓰레기통에 처박혀 죽어가는 아이를, 필리핀의

다리 밑 판자촌에서 돈이 없다는 죄목으로 태풍이 오는 순간 수장 될 위기에 처한 가족을, 태국의 길거리에서 학비를 벌기 위해 외국인들을 상대로 사창가에서 일하는 학생을, 한국의 학교에서 혼혈이라는 이유로 어디에도 속하지 못해 따돌림당하는 친구를, 쿠데타가 일어난 베네수엘라를, IMF가 닥친 스리랑카를, 민족 간의 학살이 자행되고 있는 에티오피아를 무시합니다. 바로 그런 이유로, 군중에게서 영혼이 사라집니다.

세계대전을 일으키고, 파시즘을 지지하고, 드레퓌스 사건[64]부터 매카시즘[65]에 세뇌당하던 인간들과 별반 다르지 않게 살아가는 군중이 입바르게 말하는 '평등한 기회'와 '자유로운 경쟁'은 상식입니다. 그러나 눈에 보이는 억압이 사라졌으며 많은 국가가 민주주의 체제로 바뀌었다고 기뻐하기에는 아직 이릅니다. 미국은 기껏해야 58년 전에 유색인 차별법을 폐지했고

---

64 19세기 말 프랑스 제3공화국이 독일과의 전후 관계에서 유대인 혈통의 장교 알프레드 드레퓌스(Alfred Dreyfus, 1859~1935)에게 스파이 혐의를 부당하게 씌우면서 이를 둘러싸고 프랑스에서 극심한 정치, 사회적 논란을 일으킨 사건.

65 1950년대 미국에서 일어난 극단적인 반공사상. 1950년 2월 미국 공화당 상원의원 J.R. 매카시가 "미국에서 활동하는 205명의 공산주의자의 명단을 가지고 있다"라며 많은 지도층 인사들을 공산주의자로 몰아 공격한 데서 발단이 되었다.

한국은 35년 전에야 독재가 끝났으며 지상낙원 스위스에서는 52년 전에야 여성의 참정권이 인정되었습니다. 그리 멀지 않은 과거 남미와 아시아에서는 쓰레기 더미에서 먹을거리를 찾고, 잘린 사람의 가슴 살덩이를 일요일 점심으로 먹을 만큼 끔찍한 생활 조건에 허덕이는 사람들이 적지 않았습니다. 이것이 군중이 상대주의를 이용해 바라보지 않고자 하는 과거입니다. 이 유령은 바라보지 않기에 영원히 되살아납니다.

6

염세주의

두려움이 만든 변명

오로지 열정만으로는 세상을 바꿀 수 없지만, 진실은 세상을 바꿀 수 있습니다. 그러나 세상에는 진실을 알 수 없다고 말하는 염세주의자들과 비관주의자들이 넘쳐납니다. 염세주의자들은 성찰의 유일한 도구이자 진보의 견인차 구실을 한 인간의 이성이 단지 인지적 편향의 묶음일 뿐이라고 주장하며 우리가 가진 가장 강력한 앎의 도구를 평가절하합니다. 그러나 그들은 '우리가 어떻게 스스로의 편향을 발견할 수 있었을까?'라고 질문하지 않습니다. 바로 그들 스스로 이성을 사용하며 이성을 비판함에도 말입니다. 우리는 자신의 본질적 사유의 결함을 알아차리게 하는 생득관념[66]이 있었기에 스스로의 결핍을 알아내고 수정할 수 있는 것입니다.

정보와 사실을 비교해서 지식을 완성하고 자기 자신에게 응용해 목숨을 연장하거나 행성의 표면에 어떤 숲보다도 큰 콘크리트 벽을 세우고 축구장보다도 큰 구조물을 우주에 짓는 것은 분명 인간이 평범한 동물이 아니라는 증거입니다. 그리고 역지사지와 황금률 그리고 끈기 있는 관찰을 토대로 발전한 과학은 인간만이 일구어낸 큰 성과 중 하나입니다. 수단이 아닌 목적으로서의 '앎' 그 자체에 대한 열망과 관찰, 그리고 비교를 통한 검증이 없었더라면 인류 역사를 통틀어 모든 전쟁으로 죽었던 사람의 수를 합한 것보다도 더 많은 사람을 구해낸 신약들과 잔칫날에나 먹을 수 있었던 고단백질 음식의 대량 보급은 없었을 것입니다.

물론 인간에게서 편견과 미신을 걷어낸다고 자연스럽게 이

---

66 인간이 태어나면서부터 가지는 관념으로 본유관념(本有觀念)이라고도 한다.

성이 그 자리를 차지하지는 않습니다. 오히려 주술이 침투할 수도 있습니다. 실제로 우리의 정신은 대단히 복잡한 이론과 기술을 만들기도 했지만, 그것으로 미신을 만들기도 했습니다. 과학자 뉴턴도 연금술이라는 미신에 빠졌습니다. 그러나 그것이 이성과 합리성을 믿지 않고 직관적이거나 비합리적으로 살아야 할 이유가 되지는 않습니다. 오히려 더 이성적이어야 하는 이유입니다. 철학자 조지프 히스의 말대로 인간 이성의 힘을 과대하게 착각하지는 말아야 하지만 그 대안인 '직관'을 과대하게 착각하는 것도 경계해야 합니다. 만약 원초적인 감에 의존하면 우리는 폭력과 야만과 비이성의 시대로 되돌아갈 가능성이 더 높습니다.

20세기 독일의 철학자 하이데거의 말대로 인간은 유일하게 자신의 존재 의미를 물을 수 있기에 의미 있습니다. 아직 인간 이외에 이성의 힘을 사용해 '우리에게 중요한 것은 무엇인가?', '우리는 충분히 알고 있는가?'와 같은 질문을 하고 자신의 앎을 점검하거나 문자를 통해 경험을 지식으로 축적할 줄 아는 존재는 발견되지 않았습니다. 19세기 독일의 철학자 마르크스는 인간이 역사를 만들지만, 그것의 여건은 인간이 선택한 게 아니라고 말했습니다. 그것의 여건을 완벽히 통제할 수 없다는 점에서 인간은 동물과 다르지 않게 태어나지만, 이성을 사용해 그러한 여건을 파악하고 후손이 처할 여건에 영향을 끼칠 수 있다는 점에서 특별합니다.

인간은 그가 태어나며 어쩔 수 없이 받아들인 가치를 해체하고 분석하여 더 나은 가치를 찾기도 합니다. 그렇기 때문에 맹목적으로 정해진 규칙을 따라야 하는 상황에서도 더 나은 규칙을 만들거나 선택할 줄 알게 됩니다. 그러한 인간은 우선 더 나은 가치를 찾기 위해 온갖 개인적인 고난들, 보기 싫은 인류와 국가의 더럽고 추악한 면들, 우연과 차별로 가득한 사실들을 정면으로 마주합니다. 왜냐면 우리 삶의 최악의 순간들을 분석하는 수고와 노력이 우리 삶의 최고의 순간들이 어떻게 가능한지 예측할 수 있도록 하고 우리 모두에게 삶의 최고의 가능성을 열어주기 때문입니다.

하지만 우리 삶의 최악의 순간을 마주하기 두려워 그것을 숨기고자 하는 사람도 있습니다. 그러한 자들이 인간 본성에 관한 탐구를 반대하는 이유 중 하나는 미숙한 우리가 그 지식으로 스스로를 조작하고 인간성을 파괴할 수도 있다고 생각하기 때문일지도 모릅니다. 분명 우리는 그렇게 할 수도 있습니다. 그러나 눈동자 색깔로 서로 차별하던 초등학생들을 보며 인간의 이기심을 증언한 미국인 교사 제인 엘리엇의 실험으로 우리가 얻은 교훈은 모르는 것이 더 나았을지도 모르는 인간 본성에 대한 비관주의가 아니라 그 실험들로 우리가 반성할 수 있었다는 점입니다.

우리가 이전 세기의 참혹한 경험을 통해 얻은 것은 비단 서로를 살리기 위한 총력전은 하지 않으면서 서로를 죽이는 총력전이나 했다는 허탈감뿐만은 아닙니다. 역사에 항상 존재했던 학살과 같은 도덕적인 문제에 무덤덤했던 존재에서 적어도 공개적인 장소에서는 성찰하는 존재로 바뀌었다는 자부심도 얻었습니다. 현대 희곡의 거장 안톤 체호프는 우리가 어떤 존재인가를 보여주면 우리는 한결 나은 존재가 될 것이라고 말했습니다. 인간 본성을 숙고하지 않으면 인간은 짐승과 같이 본능에 좌지우지되는 삶을 살 것이기 때문에 우리는 자기 자신에 대한 탐구를 멈추지 않아야 합니다. 그리고 그러한 탐구는 새로운 상식, 지금보다 더 나은 상식을 만들어 낼 수 있을 것입니다.

18세기에 제러미 벤담이 노예제를 비판한 후 한 세기가 지난 이후에 악덕 노예주의 자손들이 스스로 노예들을 풀어 주는 법을 발행시켰습니다. 또 마틴 루터 킹과 넬슨 만델라, 마하트마 간디가 없었더라면 흑인 대통령은 나오지 못했을 것이고 비폭력 운동의 귀감도 존재하지 않았을 것입니다. 20세기의 행동들이 없었다면 21세기의 상식이 된 과거의 양심은 다음 혹은 다다음 세기가 돼서야 상식이 되었을 것입니다. 이제 우리에게 남겨진 숙제를 해야 할 때입니다. 우리가 지난 세기에 만인을 멸망시킬 수 있는 기술을 소유하는 것에 성공했다면 이제는 만인의 행복 추구를 실현하는 것에 성공해야 할 차례입니다.

3부

우상 넘어

1

공중

이분법 넘어

공중(公衆)은 누구입니까?

닿을 수 없는 세상의 의미를 갈구하지 않는 인간입니다. 협소하고 지엽적인 부분에 얽매이지 않는 인간입니다. 도그마와 독선의 함정에 빠지지 않고 지구촌의 문제로부터 방종의 논리를 가져와 자유로워지지 않는 인간입니다. 집단에 유리되지 않으면서 삶의 의미를 주체적으로 찾고 형성할 줄 아는 인간입니다. 다른 문화의 방식을 인정하고 즐길 수 있는 인간입니다. 스스로 세상을 이해하고 주어진 인습을 타파하는 인간입니다.

그러나 공중에 대한 저의 견해는 그저 말장난에 불과합니다. 책임감이라는 옷을 입고 실천하기 전까지는 말입니다. 공중임을 자처하나 여전히 군중의 자리를 굳건히 지키고 있는 우리는 모두 위선자입니다. 우리는 착각의 늪에 빠진 불쌍한 존재입니다. 착각의 옷을 벗어버리고 책임감의 옷을 입지 않는 한 우리는 뫼비우스의 띠 위를 걷는 것처럼 끝없이 반복되는 의미 없는 세상에서 영원히 헤매고 다닐 뿐입니다.

그렇다면 책임감의 옷을 입는 공중은 어떻게 만들어지는 것입니까? 20세기 미국의 심리학자 콜버그는 인간의 도덕성이 6가지 단계를 거쳐서 발전한다고 말했습니다. 우선 인간은 복종과 처벌을 피하기 위해 도덕적 행위를 하는 단계를 거쳐 자신의 욕구를 충족시키기 위해 도덕적 판단의 기준을 세웁니다. 이후 인간은 타인과 좋은 관계를 유지하고 기대에 맞게 행동하며 사회질서를 유지하면서 자신의 의무를 다합니다. 마지막으로 인간은 법과 질서가 무조건 옳은 것이 아니라 사회적인 유용성에 따라 합의에 이르게 되면 바뀔 수 있다는 것을 알게 되며 상대주의를 극복하고 도덕적 원리에 따라 스스로 선택한 양심적인 행위가 올바른 행위라고 보게 됩니다.

이러한 발전의 단계를 거쳐 인간은 자유를 얻고 자신의 행위에 책임을 질 수 있게 됩니다. 그리고 그러한 사람이 다수가 되어야만 정의가 이분법적인 사고로만 이룩될 수 있다는 위험한 사유의 기조에 변화가 나타날 수 있을 것입니다. 그러한 사고는 되려 선을 추구하며 악을 창조하기 때문에 그 자체로 유해합니다. 세상에는 명확한 선과 악이 없습니다. 그런데도 유지되는 선과 악이라는 이분법적 사고는 그 자체로 자신의 양극단을 정당화시키는 도구가 됩니다. 이처럼 끝나지 않는 이분법을 탈출하기 위해 우리에게 필요한 것은 현상을 있는 그대로 바라보는 공중(公衆)의 정신입니다.

있는 그대로 바라보는 것은 어떻게 가능한가요? 그것은 과거 혹은 역사를 인지하는 것에서부터 출발해야 합니다. 현재는 과거로부터 얻어진 것입니다. 19세기 영국의 철학자 매슈 아널드의 말처럼 한 세기의 상식은 지난 세기의 철학입니다. 우리는 우선 과거의 공중에게 묻고 깨닫는 과정을 반복하면서 공중(公衆)의 정신에 한 걸음 다가갈 수 있을 것입니다. 그렇지 않으면 우리의 사유는 모래성 쌓기에 열중하는 수준에 머물 것입니다.

공중(公衆)의 정신을 소유하기 위해서는 군중의 사유를 과감히 내던지는 패러다임 전환이 선행되어야 합니다. 20세기 미국의 과학철학자 토머스 쿤의 주장에 따르면 '점진적 진보'로는 패러다임 전환이 일어나기 어렵습니다. 패러다임 전환은 임계점을 만나 일어나는 '급진적 진보'입니다. 우리는 코로나 사태를 통해 IT 기업들이 막강한 자금을 투자받고 수십 년이 필요한 진보를 몇 년 만에 이룬 놀라운 성과를 목도할 수 있었습니다. 물론 이는 대면 사업 분야에는 자금이 투자되지 않았다는 역설을 포함하기도 합니다. 결국 모든 위기는 필요악입니다. 코로나 덕분에 우리는 미래에 올 더 큰 역병에 대처할 매뉴얼을 얻게 되었으니 말입니다.

임계점에 닿아 태생한 패러다임 전환은 세상을 변화시킵니다. 과거 역사를 되돌아보면 세상은 미세한 조율을 통해 더 나은 방향으로 천천히 나아가지 않았습니다. 각 분야에서의 위기는(Emergency) 창발적인(Emergence) 새로운 무언가를 발명합니다. 그리고 언제나 그렇듯이 위기는 과거와는 다른 새로운 해결책을 요구합니다. 시대의 혼탁함에 정체되지 않고 나아가기 위해서는 사유의 한계점을 뛰어넘는 용기, 내 안에 자리 잡은 군중을 과감히 버릴 용기, 머뭇거리지 않고 급진적으로 살불살조(殺

佛殺祖)를 할 용기가 필요합니다.

과거의 공중은 살불살조를 통해 공중의 정신을 이어 나갔습니다. 그들이 살불살조를 실행한 것과 마찬가지로 우리도 그래야만 합니다. 살불살조는 무엇인가요? 부처를 죽이고 조사를 죽이고 어미를 죽이라는 이 극단의 살불살조의 뜻은 무엇인가요? 그것은 참다운 견해를 얻고자 하면 참으로 위장하고 있는 세상의 미혹으로부터 벗어나야만 한다는 것입니다. 이것이 진정 '우상'으로 떠받드는 모든 것을 제거하라는 공중의 정신입니다.

그렇다면 같은 인간 사유의 토대 위에 세워져 있는 참과 거짓을 어떤 기준으로 분별할 수 있나요? 몽테뉴는 에포케(epokhe)와 크세주(Que sais-je) 두 가지 규칙을 사유의 기준으로 삼았습니다. 에포케는 '판단 유보', '확실한 것은 하나도 없다'라는 태도로 살아가는 것을 말합니다. 다시 말하면 나는 진리를 알고 너는 모른다는 독단에서 벗어나는 것을 말합니다. 에포케로부터 자신을 낮추고 타인을 관용할 줄 아는 공중의 정신이 발현됩니다. 크세주는 '내가 무엇을 아는가?'라는 뜻입니다. 내 확실히 아는 것은 하나도 없으니 이제부터 탐구를 통해 알아가겠다는 태도입니다. 오류 가능성에 자신을 열어둔 채 평생에 걸쳐 언제든 새로운 앎이 자신을 고쳐갈 수 있도록 자기 자신을 잃지 않으면서도 자유로움을 지켜낸 공중의 사유 방식입니다

　몽테뉴의 말처럼 모든 것은 사유의 결과물입니다. 틀린 것이 아니라 다른 것이 있을 뿐이며 우리는 그것을 참으로 혹은 거짓으로 수용할지 매 순간 선택을 내릴 뿐입니다. 그렇기 때문에 상대주의 또한 인간 사유의 결과물이며 그것을 참, 혹은 거짓으로 받아들일지는 우리의 선택에 달려 있습니다. 그러나 개인의 관점을 상대적으로 유일무이하게 만들어 버리면 우리는 사람들이 보편적으로 따를 수 있는 규범과 규칙을 만들어 내지 못합니다. 설사 상대주의자가 그 어떠한 논리와 수사학을 통달하여 화려한 규범을 만든다고 하더라도 그 규범은 설득의 힘을 낼 수 없습니다. 상대주의자는 아리스토텔레스가 정의한 설득의 세 가지 요소인 '로고스(논리)', '파토스(감성)', '에토스(인품)'에서 가장 중요한 에토스를 발현시키지 못하기 때문입니다. 보편적이지 않은 규범에 따라 언제나 다르게 행동되는 그들의 말은 그 누구도 신뢰할 수 없습니다.

만약 개인이 가진 좁은 시야의 한계를 넓히지 않고 이분법적인 태도로 자신의 시야가 상대적으로 유일무이한 것처럼 보호하려 한다면 그것은 개인을 타인으로부터 단절시킬 뿐만 아니라 문제를 해결하기 위한 연대를 방해하게 만듭니다. 그렇기 때문에 우리는 상대주의를 버려야 합니다. 그런 의미에서 공중이 되고자 하는 것은 '보편주의'를 추구하는 것과 같습니다.

2

이성

지능을 넘어

돌고래, 범고래, 보노보, 침팬지, 코끼리, 강아지, 까치는 인간과 비
슷한 구석이 많습니다. 인간은 감정 표현을 하는 반려견, 장례를
치르는 코끼리, 평생 한 짝과 살아가는 늑대, 퍼즐을 푸는 까치에
게서 묘한 동질감을 느낍니다. 다만 인간은 다른 어떤 동물도 가
지지 못한 한 가지를 가지고 있어 문명을 이룰 수 있었습니다.

'문명(文明)'의 앞글자인 '文(글월 문)'에서 알 수 있듯 그 한 가
지는 바로 '문자의 발명'입니다. 문자는 사람이 세상을 이해한

내용을 기록할 수 있도록 이끌었고 지식을 발전시킬 수 있도록 여건을 마련했습니다. 문자는 기본적인 구어(口語) 능력과 산수 능력만을 갖춘 타 동물과 다르게 인간이 '재귀 함수'를 사용해서 계산할 수 있도록 도와주었습니다. 침팬지는 외우기와 덧셈에서 종종 인간보다 빠를 때도 있지만 곱셈은 절대로 할 수 없습니다. 반면 아무리 어린아이라 할지라도 쉽게 곱셈을 배울 수 있고 인수분해를 재밌게 할 수 있습니다. '함수'라는 언어가 있으므로 가능한 일입니다. 특히 아라비아 숫자라는 더 나은 표기법, 더 나은 문자 덕분에 우리의 계산능력은 수직으로 상승했습니다.

예컨대 로마제국 사람에게 있어 'XCVII: 로마숫자 97'과 'CCCXIV: 로마숫자 314'로 곱셈을 하기는 무척 어려웠을 것입니다. 반면 아라비아 숫자 97 곱하기 314를 풀기는 쉽습니다. 줄을 맞춰 같은 자릿수를 같은 줄에 표시할 수 있다는 점에서 아라비아 숫자는 곱셈의 도구로 쓰기에 로마숫자보다 훨씬 유용합니다. 결과적으로 아라비아 숫자는 모두에게 엄청난 계산능력을 주었습니다. 인간은 '아라비아 숫자'라는 문자를 통해 공학을 세분화했고 복잡한 세상을 이해하고 영향을 끼치게 되었습니다.

머릿속에 제한되는 생각과는 다르게 자신 외부의 생각인 문자는 마치 그림을 관찰하는 것처럼 타인의 시각에서 자신을 바라볼 수 있게 합니다. 이는 자기 지시적으로 재귀적이거나 역설적인 모순을 이해하는 것을 가능하게 하여 자신이 무엇을 알고 무엇을 모르는지를 아는 것에서부터 모르는 부분을 보완하기 위한 계획을 세우고 이를 실행할 수 있게 해주는 메타인지를 가능케 해주었습니다. 메타는 특정한 개념에 동일한 개념 그 자체를 적용하는 경우 사용하는 접두어입니다. 예를 들어 메타데이터는 데이터에 관한 데이터를 말합니다. 여행지를 선택하기 위해 여행지를 선택해주는 여행사를 선택하는 것과 같은 것을 '메타선택'이라고 하고 자신의 인지 과정에 대해 생각하는 것을 '메타인지'라고 부릅니다. 메타인지와 결합한 '문자'를 통해 인류는 세대를 지나는 동안 지식의 거인을 만들어냈고 마침내 그의 어깨 위에서 만물의 영장이 될 수 있었습니다.

거짓말쟁이의 역설(지금 내가 하는 말은 거짓이다: 말의 내용이 참이라면 그 말 자체가 거짓입니다. 문장이 자기 자신을 가리키는 자기 지시를 포함하고 있기 때문입니다), 브랜든 버거-카이슬러의 역설(알파의 가정이 틀렸다고 베타가 믿는다고 알파가 가정한다고 베타는 믿는다)을 '역설'이라는 이름하에 글로 표현하고 정리할 수 있는 동물은 인간뿐입니다. 그렇게 우리는 자신

의 출생부터 세계의 존재까지 의심하는 '코기토 에르고 숨
(Cogito, ergo sum: 나는 생각한다. 그러므로 나는 존재한다)'이라는 고찰에 이르
기도 합니다.

　문자를 통한 지식의 교환을 통해 발전한 문명에서 볼 수 있
듯이, 인간은 무소의 뿔처럼 혼자서 갈 수 없습니다. 인간은 외
부와 끊임없이 교류함으로써 유아론적 사고를 극복하고 과거
의 지식을 습득합니다. 불확정성 원리를 외딴섬에서 정리한 천
재 물리학자 하이젠베르크도 동료들과 편지를 자주 교환했습
니다. 오로지 타인과 의견교환도 없이 일구어낼 수 있는 업적
은 드뭅니다. 인류에 길이 남을 업적은 수백만 명에 한 명꼴로
태어나는 천재가 홀로 몰두해서 이루는 것이 아닙니다. 노벨상
수상자의 평균 아이큐가 130(상위 2퍼센트 수준)이라는 점에서 알
수 있듯이 극소수의 천재가 인류를 견인해온 것도 아닙니다.
왜냐면 이 수치는 당신 옆의 친구 25명 중의 한 명은 노벨상
수상자의 자질을 갖추고 있다는 의미이기 때문입니다.

　캐나다 토론토 대학의 심리학자 스타노비치는 지능만으로
는 생각을 잘할 수 없고 생각을 잘하는 데는 지능과는 별개로
합리성이 필요하다고 했습니다. 그리고 개인은 피드백을 공유

하는 집단에 소속됨으로써 편견에서 벗어나 합리성을 가질 수 있습니다. 예컨대 뉴턴은 첨예한 논리로 대립하던 학회에서는 큰 업적을 이루어냈지만, 비공개로 진행한 연금술에서는 시간을 낭비했습니다. 미국 건국의 아버지 중 한 명인 토머스 제퍼슨은 자신의 저택 큰방 2개에 책을 가득 채운 독서광이었으며 스스로 시계를 만들 정도로 지능이 높았지만, 그 거대한 저택을 유지하는 300명의 노예에 대해서는 시대적 관념과 타협해 편협한 시각을 유지했습니다.

이처럼 객관적인 앎을 얻기 위해서는 아무리 뛰어나더라도 자기 자신에게만 의지해서는 안 됩니다. 또한 그러한 객관적인 앎은 유의미한 상관관계를 지닌 인과적인 설명을 필요로 합니다. 귀납적인 논리 방법과 검증된 데이터를 사용한 설명이 필요합니다. 그러나 과학철학자 칼 포퍼의 말대로 객관성을 얻는 가장 유효한 방법이며 제일 성공적이었던 '반증 가능성'은 말 그대로 불확실성을 가집니다. 우리가 세운 인위적인 구별들의 기준은 결국 상호주관적인 합의일 뿐이기 때문에 만고불변의 진리를 주장하는 것은 항상 유의해야 합니다. 자신이 보고 싶고 믿고 싶은 것만 맹신하고 그것을 유일한 진리로 바라보는 독선자가 될 가능성이 있기 때문입니다.

결국 인간의 앎은 확실한 것이 아니며 그 자체로 절대적인 것도 아닙니다. 다만 철학자 러셀은 그 앎을 가능하게 만드는 이성에 대하여 다음과 같이 말했습니다.

"이성의 의미는 세 가지 특성으로 정의할 수 있다. 첫째, 힘보다는 설득에 의존하는 것이고 둘째, 논쟁을 수단으로 설득하고자 하는 것이다. 물론 이때 그 수단을 쓰는 사람은 그것이 전적으로 타당하다고 믿는다. 셋째, 소신을 형성함에 있어 가능한 한 관찰과 귀납을 많이 쓰고 직관은 적게 쓰는 것이다. (중략) 첫 번째는 종교 재판을 배제한다. 두 번째는 '장악해야 할 대중의 수에 비례해 대중의 정신적 고양을 밑으로 가라앉혀야 한다'라고 히틀러가 칭찬했던 전시 중 영국의 선전과 같은 방식들을 배제한다. 세 번째는 미시시피강을 가리켜 '우주의 신은 이 위대한 계곡을 한 나라에 속하게 의도했다'라고 했던 앤드루 잭슨 대통령과 같은 대전제를 사용하는 것을 금한다. 그런 대전제는 자신이나 그 나라 사람들에겐 받아들이기 쉬운 것이겠지만 의문을 느끼는 사람에겐 도저히 증명할 방법이 없기 때문이다."[67]

67 버트런드 러셀, 『게으름에 대한 찬양』 p.139. 사회평론 출판.

물론, 차디차고 무미건조한 합리성만이 앎을 추구하는데 필요한 유일한 가치는 아닙니다. 즐거움이라는 가치를 활용하여 삶을 풍요롭게 만드는 앎을 추구할 수도 있습니다. 고대 그리스인들도 태양과 이성의 신 '아폴론'과 풍요와 기쁨의 신 '디오니소스'를 동시에 숭배했습니다. 인간에게 아무리 좋아하는 일이더라도 추억 속에 오래도록 남아 있는 것은 혼자서 해탈하고 골몰한 것이 아니라 타인과 같이 즐긴 것들입니다. 허무를 이겨내는 유일한 방법은 연대뿐입니다. 그뿐만 아니라 지루함과 권태를 피하기 위해서는 다채로운 경험들도 필요합니다. 이에 대하여 철학자 러셀은 이렇게 말했습니다.

"정열적인 사랑이나 지식에 대한 사랑, 우정, 자비심, 과학이나 예술에 대한 열정 속에는 이성이 약화시킬 만한 대상은 아무것도 없다. 합리적인 사람이라면 이 감정들 가운데 일부 혹은 전부를 느끼게 되면 그 사실 자체에 기뻐할 것이고, 이 감정들이 가진 힘을 약화시키는 일은 결코 하지 않을 것이다. 이런 감정들은 모두 행복한 인생을 구성하는 한 부분이다."[68]

68 버트런드 러셀, 『행복의 정복』 p.117. 사회평론 출판.

3

지성

무력함을 넘어

21세기는 그 어느 때보다도 풍요롭고 안전하며 탁월한 지식으로 가득 차 있습니다. 매년 200만 권의 책과 10만 장 정도의 음반이 만들어지고 거의 1억 명의 사람들이 박물관과 미술관을 방문합니다. 컴퓨터의 알고리즘은 단순 작업을 대체할 수 있을 만큼 정교해졌습니다. 그런데도 사회는 무한경쟁의 난장판입니다.

제 조부모님 세대에게는 선전과 선동이 일상이었고 공교육과 선거권은 편협했습니다. 전 세계 인구의 절반이 굶주림에 시달렸고 나머지 절반은 핵무기에 눈길이 쏠려 있었습니다. 제 부모님은 쿠데타가 두 번이나 일어난 혼란기의 개발도상국에서 성장했습니다. 제 할머니는 성차별을 일상적으로 당했습니다. 할머니는 자신의 의지와는 상관없이 집안에서 정해준 사람과 고작 사진 하나 보고 결혼했으며, 여아보다는 남아를 키워야 한다는 사상이 당연했던 시절을 살았습니다. 고등교육을 받는 오빠들과는 달리 교육의 기회가 주어지지 않는 현실에 비관하다가 고아원은 고등학교를 보내준다는 말을 듣고는 가출해 고아원 문 앞을 서성이기도 하셨습니다.

'할머니의 할머니는 더 끔찍한 세상을 살았습니다. 그녀는 스마트폰으로 고양이 영상이나 보며 놀 어린 나이에 시집을 가서 세탁기가 있어도 힘들었을 많은 양의 빨래를 등을 구부리며 계곡에서 빨래해야 했고 지금이라면 텔레비전을 보면 지낼 수 있는 잠깐의 여유도 없이 힘든 노동에 시달리셨습니다. 그녀는 평민을 향한 양반의 무시가 일반적인 정서로 받아들여지던 시대에 평민 출신이라는 이유로 남편에게서조차 무시당하며 10명에 남짓한 끝없는 출산의 고통을 견뎌야 했습니다. 동물 취급이라고 생각할 수밖에 없는 끔찍한 차별을 일상에서

받았습니다.

지금 우리의 21세기는 어떠한가요? 이제는 백정의 후손이라는 이유로 공부할 자유를 누리지 못하는 사람은 한 명도 없습니다. 물론 아직도 보호무역주의는 존재하고 전쟁도 일어나지만, 역사상 이렇게 평화로웠던 시대는 없었습니다. 우리가 광기의 시대를 더 이상 살지 않는 이유는 우리의 선대가 끔찍한 상황을 극복하기 위해 한 부단한 노력 때문입니다. 그렇기 때문에 이상이 현실과 동떨어졌다고 무시하는 태도는 그것 없이도 지금의 현실이 존재할 수 있었을 것이라고 단정 짓는 것이며 '현실'을 모르는 오만입니다. 우리가 발을 딛고 선 이곳은 더러운 욕망의 산물이 아닌 이타심과 이성의 산물이며 전쟁과 노예의 시대가 아닌 자유와 평등과 박애의 시대입니다.

[대한민국 헌법 제10조]

모든 국민은 인간으로서의 존엄과 가치를 가지며, 행복을 추구할 권리를 가진다. 국가는 개인이 가지는 불가침의 기본적 인권을 확인하고 이를 보장할 의무를 진다.

우리는 이미 평등한 시대를 살아가고 있습니다. 그러나 군중은 서로를 현혹하며 그 현실을 보지 못하고 있습니다. 역사의 대부분을 지배했던 폭력과 물질적 희소성으로 인한 굶주림에서 벗어날 수 있었던 것은 이성의 힘을 통해서 가능했습니다. 전쟁을 줄이고 노예제도를 폐지하고 고문과 사형을 없애고 투표권을 확대하고 민권과 자유를 종식하고 동물의 권리를 보호하기 위해 노력했던 일들은 토론과 숙의를 통한 성찰과 설득의 과정을 통해 달성될 수 있었습니다.

군중의 생각과는 다르게 발전과 해결책의 도출은 사람들의 눈을 개안시켜서 일어나야지 그 눈을 뽑아 버려서는 이루어지지 않습니다. 정치학자 이사야 벌린은 노골적인 파괴와 무력은 설사 어느 정도 괄목할만한 성과가 있을지라도 지속적인 성과를 낼 수 없다고 말했습니다.[69] 노자는 폭력은 아무리 의도가 좋다고 해도 주먹을 휘두르는 자에게 되돌아간다고 말했습니다. 비판을 위한 운동은 성공하지 못합니다. 해결책은 두려움과 무지, 선동이 아닌 더 큰 지성으로 만들어져야 합니다.

---

69 마크 릴라 외 공저, 『이사야 벌린의 지적 유산』 p.45. 동아시아 출판.

그렇다면 21세기의 인류는 어떤 지성을 추구해야 하는 것일까요? 네덜란드의 저널리스트 뤼트허르 브레흐만에 따르면 현존하는 직업 대다수는 20년 안에 AI가 대체할 수 있다고 합니다. 수백만 명의 직장인들이 본인의 직업이 거의 무의미하다고 느낀다고 합니다. 142개국 23만 명의 근로자를 조사한 최근의 한 여론조사는 13퍼센트의 근로자만 자신이 하는 일을 진짜로 좋아한다고 발표했습니다. 또 다른 여론조사는 만 2,000명의 영국인 근로자와 전문직 종사자 중에서 37퍼센트는 자신의 직업이 존재할 필요도 없다고 생각한다고 발표했습니다.[70] 미래학자 레이 커즈와일이 예측한 기술적 특이점은 바로 이러한 비참한 여론조사를 현실로 만들 것입니다.

고슴도치들에게서 표층적인 학위와 직업을 제거해버리면 자신처럼 공허한 사람들의 무의미한 존경을 원하는 열등감에 찌든 지쳐버린 정신만이 남아 있을 것입니다. 철학자 오르테가는 한 분야에만 몰두하는 고슴도치들을 이렇게 분석했습니다. 전문화로 말미암아 통합적인 교양을 상실한 사람들. 어느 한

70　Bregman, Rutger, "Poverty isn't lack of character; it's a lack of cash," TED, April 2017, https://youtu.be/ydKcaIE6O1k?si=kNJ3SpT2zaw5Wf3f.

분야를 맡으면 나머지 분야는 몰라도 된다고 생각하는 사람들. 방법들의 확실성과 정확성 덕분에 이런 잠정적이고 실제적인 지식의 해체가 가능하다고 생각하는 사람들. 마치 기계로 작업을 하듯 직업을 느끼는 사람들.

이러한 고슴도치는 마치 의료통계를 이해하지 못하는 변호사와 DNA 증거를 이해하지 못하는 의사들과도 같습니다. 그들은 거대한 눈을 가지고도 눈앞의 소인 오디세우스의 책략에 당한 키클롭스처럼 살아갑니다. 그들의 삶을 지탱하는 거대 담론인 '민주주의', '열린 사회주의', '히포크라테스 선서'는 알맹이 없는 인형 놀이판입니다. 그들은 사람들의 사망 원인만을 찾고 사람들의 존재 원인은 무시합니다. 그렇게 그들은 키클롭스처럼 소인 오디세우스에게 실명될 운명에 처합니다. 이것이 바로 영혼을 빼앗긴 군중의 미래입니다.

그렇기 때문에 진지하게 지성을 함유하고자 하는 자라면, 20세기 독일의 철학자 후설의 말대로 진지하게 삶을 향유하려는 사람이라면, 그 누가 권유하기 전에 인생에 한 번은 자신의 기억을 포함하여 감각으로 알아 온 모든 것과 역사적 산물인 과학과 철학조차도 회의해 봐야 합니다. 사실 급진적인 의심

그 자체는 우리가 당면한 문제의 해결책은 아닙니다. 오히려 지나친 회의는 자신이 혐오하는 '거짓'을 믿는 사람들보다도 더 심하게 자신의 '진실'을 광신하는 오류를 범할 수도 있습니다. 그럼에도 이런 회의주의가 필요한 이유는 20세기 독일의 철학자 페터 슬로터다이크의 말대로 '아니오'가 '예'의 유일한 타당한 배경이 되기 때문입니다. 우리는 데카르트처럼 모든 것을 회의하여 인식의 제1원리를 세워야 합니다.

지엽적 인습에 굴복하지 않기 위해서 인간은 모든 방법을 동원해 과거의 성취를 파고들어 혼자만의 사유를 가져야 합니다. 진실을 찾기가 쉬운 일은 아니겠지만 불가능한 것도 아닙니다. 과거의 자신이 가졌던 맹신과 싸우고 세계를 이해하려고 노력한 사람이 많아질수록 현실에 속단하는 태도와 개혁가들과 통수권자를 무조건 따르는 행실이 사라질 것입니다. 우리가 존경하는 성인들에게도 극단적이거나 이상한 면이 있었으며 믿고 따라갈 수 있는 영원불멸의 귀감은 존재하지 않습니다. 모세는 살인자였고, 해밀턴은 아내를 배신했고, 간디는 가정에서 폭력적이었고, 잡스는 성격이 이상했습니다. 다만 그들은 세상에 변화를 가져오기 위해서 무수히 많은 시간과 에너지를 쏟았다는 점에서 존경받을 뿐입니다.

4

인간

인조인간을 넘어

제가 좋아하는 작가들 대부분이 과학자입니다. 그들은 세상을 있는 그대로 봅니다. 예컨대 자크 모노, 에드워드 윌슨, 칼 세이건, 리처드 파인만, 아리스토텔레스, 볼테르, 베이컨과 같은 사람들 말입니다. 그러나 있는 그대로의 세계는 물질에만 해당하지 않습니다. 우리가 맛있는 음식을 먹고 음미하고 예술을 즐기는 이유는 바로 감정을 가졌기 때문입니다. 그래서 우리는 살 수 있습니다. 감정이 없이 이성만 있다면 우리는 목적이 없는 기계와 다르지 않고, 해삼과 같이 움직일 필요가 없으니 뇌는 녹았을 것입니다.

저는 제가 감정적이고 편협한 인간이어서 좋습니다. 우리는 로봇이 아닙니다. 로봇처럼 일터에서 일할지라도 우리는 인간입니다. 미국의 언어학자 노엄 촘스키는 이렇게 말했습니다. "인간이라는 것은 풍부한 문화 전통(우리 자신의 문화 전통만이 아니라 다른 수많은 문화 전통까지)의 혜택을 누리고, 기술만이 아니라 지혜까지 쌓는다는 것을 의미한다. 또한 자기 머리로 창의적이고 독립적으로 생각하고 탐구하고 질문하고 사회에 이바지할 수 있다는 것을 의미한다. 그런 사고가 없으면 로봇으로 대체되어도 무방하다. 우리가 살 만한 사회를 만들고자 한다면 이런 사실을 무시해서는 안 된다."[71]

우리는 생존의 투쟁에 휩싸여 삶의 가치는 뒷전이고 권력과 노동을 제일 가치 있는 것이라고 여기던 시대를 거쳐왔습니다. 과연 좋아하는 일이라면 매일매일 그것으로 시간을 채워도 행복할 것입니다. 그러나 노동하는 사람들 대부분은 주

[71] 노엄 촘스키, 『불평등의 이유』 p.153. 이데아 출판.

말을 위해서 평일을 참고 살아갑니다. 또 현대의 일부 고용주들은 마치 귀족들이 소작농에게 농사의 가치를 찬양하고 뒤에서는 그림이나 수집하고 악사들을 초대해 음악회를 열었던 것처럼 입으로는 노동의 가치를 찬미하지만 정작 자신은 그들의 노동에 기생하면서 하루하루를 탐미와 낭비로 보냅니다. 인간이라면 돈, 기업, 국가라는 상상의 도구들을 위하여 인생의 목적을 낭비하지 않아야 합니다. 그 도구들은 우리의 목적을 수행할 뿐입니다. 외부가 아닌 자신에게서 삶의 목적을 찾아야 합니다.

우리가 다리를 짓는 것은 더 편리하게 섬을 왕래하기 위해서이지 일자리를 만들겠다거나 자원을 낭비하기 위해서는 아닐 겁니다. 다리를 효율적으로 건설하는 기술은 일자리를 없애기 위해서가 아니라 노동으로 낭비되는 시간을 여가로 바꾸는 데 필요한 것입니다. 오늘날의 주목받는 이슈는 하늘을 나는 자동차와 빈민 없는 사회를 만들어내기 위한 노력이 아닙니다. 트위터나 투나잇 쇼 따위가 대단하다며 모두가 그 창립자들을 본받아야 한다고 말하는 시대입니다. 평소에는 가상현실에서 광대짓을 하면서도 인공지능과 기계들에 일자리를 잃는다고 분노하는 사람들은 19세기 영국에서 방직기계의 파괴를 외친

러다이트 노동운동가들과는 다른 사람들입니다. 분노에 휘둘려 러다이트 노동운동을 폭동으로 뒤바꾸어 21세기에 개시하려는 한탄스러운 사람들을 고객이라고 떠받드는 세상을 살지 않으려면 정신 차려야 합니다. 우리는 고객이 아닌 인간이 되어야 합니다.

100년만 지나면 오용되는 이데올로기와 무슨 무슨 주의들, 1,000년만 지나면 무의미하게 이름표만 남아 있을 사원들과 곧 있으면 원시적으로 바뀔 기술은 널려있어도 삶의 기록은 유일무이하고 사라지지 않습니다. 그리고 그러한 삶의 기록이 무엇으로 채워져야 하는지에 대하여 『어린왕자』의 작가 앙투안 드 생텍쥐페리는 이렇게 답했습니다.

"인간이 된다는 것, 그것은 바로 책임을 지는 것이다. 자신의 탓이 아닌 것처럼 보이는 비참함을 마주했을 때 부끄러움을 아는 것이다."

인간은 짐승과 다르게 타자의 고통에 공감할 수 있는 존재이고 그래야만 합니다. 프랑스의 사회학자 피에르 부르디외는 공교육에 대한 미약한 지원, 병원에 누워 있는 전직 사회복지가정 방문원, 노동자 계층의 고아 출신 쪽방촌 금속기계공, 정당한 권리를 찾지 못해 떠돌아다닐 수밖에 없는 홈리스들, 폭력의 희생자가 된 재소자들의 사연을 그의 저서『세계의 비참』에서 소개했습니다. 그들의 존재를 무시로 일관하는 사회는 결코 그 문제들을 해결할 수 없습니다. 당연한 말이지만 고통 없는 세계는 고통을 무시하는 방법으로 만들어지지 않습니다.

현재 전 세계 소득의 상위 20퍼센트에 해당하는 OECD 가입국의 중산층은 인생은 잔인하다며 더 잘 살려면 지금보다 더 열심히 일해야 하는 현실에 절규하고 있습니다. 삶의 가치와 의미에 대한 주제로 대화하려 하면 그런 주제들은 현실을 모르는 작자들이나 하는 고민이라고 말하고 사려 깊은 통찰과 인문학적 고민은 저 위의 엘리트들에게나 어울리는 상아탑 선비들의 사치라고 여깁니다. 심지어 선진국의 상위 5~10퍼센트를 차지하는 화이트칼라 사무직들도 자신을 그냥저냥 사는 수준이라고 말합니다.

그러나 브라질의 룰라 대통령의 말처럼 소득이 전 세계 상위 20퍼센트에 해당하는 사람들처럼 살려면 지구가 네다섯 개는 더 필요한데 도대체 이들이 언제쯤 인간답게 살 수 있을지는 미지수입니다. 지금 내게 빵이 10개 밖에 없다고 나중에 나누겠다는 말은, 빵이 10억 개밖에 없다고 나중에 나누겠다는 말과 다르지 않습니다. 경제성장률이 2-3퍼센트에 정체된 현대의 선진국 사회에서 무언가를 얻으려면 대다수 사람은 남의 것을 빼앗는 제로섬 게임을 거쳐야 합니다. 인구와 산업에 엄청난 변화가 생기지 않는 이상 파이가 커지는 것은 불가능합니다.

전기세를 0원으로 만들어 줄 핵융합 기술은 수십 년째 개발 단계에 머물러 있고 꿈의 신소재 그래핀도 수십 년째 개발 단계에 머물러 있습니다. 앞으로 수십 년간 똑같이 개발 단계에 머물 이 기술들에 의지해 파이가 커지리라고 망상한다면 우리는 그 전에 멸망할 것입니다. 선진국에서 살아가는 우리에게 남은 선택지는 재분배와 새로운 정책이지 끊임없는 성장이 문제들을 해결하리라는 맹신이 아닙니다. 그러므로 2,300년 전의 철학자 에피쿠로스의 말은 아직도 효력을 발휘합니다. "우리의 위가 만족하지 못하는 것이 아니라 위가 무한한 용량을 가진다는 잘못된 의견이 만족하지 못하는 것이다."

20세기 헝가리의 경제학자 칼 폴라니가 말했듯이 화폐소득만으로 모든 것을 해결하겠다는 발상은 사회와 시장의 진보를 서지할 수 있습니다. 더구나 그러한 발상은 중세의 신학과 근대의 과학이 가졌던 믿음과 다르지 않습니다. 그렇기 때문에 우리에게는 전환점이 필요합니다. 누군가는 상인이겠지만 다른 이는 관료일 수도 있고 가정적인 부모일 수도 있습니다. 그런데 어째서 세상은 마치 상인의 이념만이 유일하다는 듯이 돌아갈까요? 새해 인사만 하더라도 "돈 많이 버세요"입니다. 최근까지 주류 경제학은 인간이 사익에 우선한 이해관계만을 중시하는 이기적인 존재라는 것에 집착했고 다른 반대쪽의 가치를 무시했습니다. '공짜 점심은 없다'라는 일벌레들의 발언을 옹호했습니다. 상인 혹은 특정 집단의 이념이 모든 것을 지배하는 세상은 마치 맷돌처럼 인간을 갈 뿐이며 절대로 이상적인 사회를 구현하지 못합니다.

시장의 희소 법칙은 시장에서나 적용되는 것입니다. 국가는 기업이 아니며 인간은 일벌레가 아닙니다. 우리는 인간이지 자동 기계장치가 아닙니다. 이는 곧 일터에서도 인간이기를 멈추어서는 안 된다는 말입니다. 저를 포함한 대부분 사람은 일반적인 사람이 하기 싫은 지루하고 힘든 일들을 누군가가 대신 해주고 있어서 편하게 살 수 있는 것입니다. 화장실도 쉽게 가지 못하는 환경에서 일하는 톨게이트 정산원들과 썩은 냄새를 뒤집어쓰는 재활용 공장 노동자들의 고생은 어떻게 보나 감사한 것입니다. 그런 3D 직종의 일들은 하루빨리 자동 작업으로 대체되어야 하고 그로 인해 발생하는 실직자들에게는 더 창의적인 일을 보장해야 합니다.

자신의 공장을 방문한 자동차 왕 헨리 포드에게 어느 공장장이 지적했던 것처럼 노동자는 기업의 값비싼 지출목록 중 하나가 아니라 포드 자동차를 구매하는 시장의 구매자이기도 합니다. 그들의 실직은 시장의 축소도 의미합니다. 아무리 현대에 대규모 노동력이 필요하지 않은 서비스업과 자동화가 생산비용은 줄이면서 이윤은 올리는 것을 가능케 만들었을지라도 존재하지 않는 수요층을 만드는 것은 불가능합니다. 마케팅과 유혹을 통해 확보되는 소비시장에는 '무한한 성장 가능성'이 있는 것이 아니라 '한계가 뚜렷한 성장 가능성'이 있을 뿐입니다.

오늘의 빈민층을 내일의 소비자와 문화의 생산자로 바꾸는 것이 시장과 사회의 발전에 더 낫습니다. 예컨대 중국의 발전으로 인하여 6,000만 명의 피아니스트들이 생겨났고 전 세계의 피아노 팬들은 더 많은 모차르트를 얻을 가능성을 얻었습니다. 또한 서울이 20세기에 그러했듯 발전된 도시가 세계 곳

곳에 세워지면 우리는 죽기 전에 다 방문하지도 못할 여행지의 목록을 채울 수 있을 것입니다.

5

연대

좌절감을 넘어

17세기 영국의 철학자 홉스는 야만 속에서 만인과 투쟁하며 홀로 살아가는 인간의 삶을 '고독하고, 가난하고, 불결하고, 잔인하고, 짧다'라고 표현했습니다. 그러한 야만의 역사를 우리는 연대함으로써 벗어났습니다. 우리는 모든 것을 회의하라던 '코기토 에르고 숨(나는 생각한다. 그러므로 나는 존재한다)'이라는 경구에 빠져 무지했습니다. 인간은 생각하기에 존재하지 않습니다. 사회적 동물인 호모 사피엔스는 타인과 함께 살아가기에 존재합니다.

20세기 스페인의 철학자 오르테가는 참된 앎이 무엇이냐는 질문에 이렇게 답했습니다. "모든 앎은 개개인의 확실한 관점에서 보이는 것이다. 모든 관점은 세계를 향한 관점이며, 완전한 앎은 내가 보는 것과 남이 보는 것을 연속적으로 결합함으로써 얻어진다."[72] 우리는 서로가 가진 공통분모의 토대 위에서 주관을 뛰어넘는 보편성을 구축합니다. 그 보편성의 지식은 인간에게 거대한 크기의 구조물을 무중력의 우주에서조차 건설할 어마한 힘을 주었습니다. 그렇게 우리는 주관적 인식의 한계로부터 오는 무지의 열패감을 타인과 연대함으로써 극복하고 혼돈의 자연을 이해했습니다.

인간은 종교, 역사, 정치, 경제, 철학, 과학, 사회 그리고 전공의 세세한 분야를 알기도 전에 생을 마감할 것입니다. 그렇기에 우리는 견해를 가질 뿐이며, 견해와 믿음은 결코 사실로 치부되지 못합니다. 그렇다면 사실은 무엇인가요? 그것은 우리가 가진 관점의 총합입니다. 우리는 여러 개의 서로 다른 세계 속에 살고 있지 않습니다. 우리는 정신적 세계와 물리적 세계,

[72] Jose Ortega Y. Gasset. The Modern Theme. (W. W. Norton & Company, 1933) p.91-95.

과학적 세계와 종교적 세계라는 두 개의 서로 다른 세계 속에서조차 살고 있지 않습니다. 우리는 하나의 공통된 토대 위에서 연민과 중용과 자비의 선구자들: 볼테르, 오르테가, 갈릴레오, 톨스토이, 홉스, 베버, 소크라테스, 플라톤, 아리스토텔레스, 세네카, 파인만, 카뮈, 하이데거, 루소, 포퍼, 소로, 지브란, 러셀, 촘스키, 케인스, 비트겐슈타인, 보르헤스, 페소아, 오웰, 콜버그, 싱어, 생텍쥐페리, 에피쿠로스, 맹자, 공자, 노자, 장자, 묵자, 예수, 석가모니, 후설, 니체, 헤세, 그 외 셀 수 없이 많은 철학자와 과학자와 종교인과 예술가와 운동가와 함께 살아가고 있습니다.

그리고 이러한 세계를 나타나게 만든 우연의 연속, 인간이라는 정신이 나타나게 만든 우연과 노력의 연속은 결코 미시적으로만 설명되지 않습니다. 그렇기 때문에 우리는 미시세계의 법칙을 뛰어넘어야 합니다. 물리학이 고전 법칙에 정체되지 않고 불확실성의 양자 세계와 관측 불가능한 공간을 탐구하듯이 우리는 선과 악, 이상과 현실이라는 이원론적 세계에 정체되지 않고 그것 너머의 세계를 탐구해야 합니다. 또한 우주의 법칙을 알아냈다는 것에 만족하지 않고 우주의 법칙에 따라 우주를 만들고 작동하게 만드는 힘에 대하여 질문하는 과학자들처럼 인간의 작동 원리를 알아냈다는 것에 만족하지 않고 그 원리에 따라 인간을 작동하게 만드는 힘에 대하여 질문해야 합니다. 왜냐하면 인간은 자기 자신에 대한 지식의 객체인 동시에 앎의 주체이기 때문입니다.[73]

천문학자이자 우주론의 창시자인 데이비드 토드 윌킨슨이 말했듯이 우주의 구조와 지적 생명체를 발견하려면 우주의 법칙과 사건이 바른 순서로 정렬해 있어야 한다는 사실에 주목해야 합니다. 이 창발성의 세계를 우리는 자세히 들여다보아야 합니다. 영국 케임브리지 물리학자 폴 데이비스는 이렇게 말했습니다.

"우리는 왜 137억 년 전의 빅뱅으로 존재하게 되었을까? 전자기 혹은 중력 법칙은 왜 존재하며 왜 그런 식일까? 우리는 여기에 무얼 하러 왔나? 무엇보다도 어째서 우리는 세계를 이해할 수 있게 되었을까? 무엇 때문에 이 경이로운 우주의 질서를 풀어내고 이해하는 지적 능력을 갖추게 된 것일까? 정말 놀

73   로저 트리그, 『인간 본성과 사회생물학』 p.308 궁리 출판.

라운 일이다."[74]

영국 국교회 신학자 D.E. 젠킨스는 이렇게 말했습니다.

"왜 우주는 자신이 창조한 보잘것없는 작은 존재를 통해서 스스로를 탐구하고 있는 것일까?"

하지만 이 창발성의 세계에 감탄한 나머지 그것을 신성시 하는 실수를 범해서는 안 됩니다. 영국의 비교종교학자 카렌 암스트롱은 이렇게 말했습니다.

"순전히 인간적이고 역사적인 현상들을 신성시하고 절대시 하는 것은 우상숭배일 뿐이며 그런 우상은 언제나 그 적들을 파괴하게 만든다."[75]

순전히 과학적이고 역사적인 현상들을 신성시하고 영웅과 십자군과 인격신을 절대시한다면 저는 차라리 무신론이 답이 라고 말하겠습니다. 그러나 이기주의를 없애는 옴(ॐ), 도(道), 인 (仁), 로고스(logos), 에우다이모니아(εὐδαιμονία, 행복), 니르바나(涅槃,

74 Paul Davies, in an interview with Bel Mooney, in Mooney, ed., Devout Sceptics (London, 2003), p.57.

75 카렌 암스트롱, 『신을 위한 변론』 p.450. 웅진지식하우스 출판.

열반)라는 신을 말하는 것이라면 저는 신이 해결책이라고 답하겠습니다. 하지만 인간은 인간의 문제를 해결하기 위해 신을 끌어들이지 말아야 합니다. 신은 인간의 입맛에 맞추어져 지어진 황금 동상의 우상이 아닌 존재 그 자체, 스피노자의 말대로 앎의 대상이 아닌 사유의 원리, 석가모니가 말한 생성계 이전의 것, 삼위일체라는 위격 너머의 하나님, 자연의 현상 법칙이 아닌 자연의 존재 원리, 곧 인격과 자아가 없는 태초부터의 필연의 역사입니다.

그렇다면 지금의 인류 문명을 만든 필연의 역사는 어디에서 시작된 것인가요? 인류의 역사에서 무수히 많은 문명이 태어났고 멸망했습니다. 플라톤의 철인 문명은 마케도니아에 멸망했으며, 갈릴레오의 과학 문명은 세계대전으로 자멸했으며, 무함마드의 이슬람 문명은 서구식민지주의에 멸망했습니다. 아브라함의 유대 문명은 이스라엘의 중동전쟁으로 자멸했으며, 정교회의 동로마 제국은 오스만 제국에 멸망했습니다. 그럼에도 불구하고 우리는 살아 있습니다. 인류는 어떻게 멸망하지 않았던 것일까요? 20세기와 21세기 문명의 진보를 이끈 귀납의 기술은 멸망한 그리스 과학 문명의 정수였습니다. 그리스 문명의 지식은 이집트의 알렉산드리아 도서관과 유럽 수도원을 통해 계몽주의 시대의 학자들에게 계승되었습니다. 계몽주의 시대의 정신은 세계대전을 피해 살아남은 미국에 이어져 민주주의와 관용의 정신으로 선견지명을 갖춘 문명의 리더들을 배출하고 있습니다. 그렇지만 계몽주의 시대의 철학자들이 관용과 자비의 정신을 처음 발견한 것은 아닙니다. 톨스토이도 아니며, 볼테르도 아니며, 아퀴나스도 아니며, 에라스뮈스도 아니며, 무함마드도 아닙니다. 만약 서양 철학이 플라톤의 주석일 뿐이라면, 문명은 자비를 처음 실천한 예수의 주석일 뿐입니다.

그러나 군중은 언제나 정공법이 아닌 샛길을 원하기에, 스승이 아닌 구세주를 원하기에 예수와 소크라테스를 죽였으며 지금도 전 세계에서 자라나는 어린 예수와 소크라테스를 죽이고 있습니다. 어쩌면 군중은 석가모니의 살불살조를 이행하는 것이라고 변명할 수도 있겠지만, 실상은 선구자를 죽이고 신으로 숭배하며 그들의 죽음을 헛되게 만드는 것일 뿐입니다. 우리는 선구자에게 자신의 원죄를 뒤집어씌워 마치 모든 것이 속죄된 양 안심하지 않아야 합니다. 선구자는 우리의 속죄양이 아닙니다. 우리 스스로 군중의 자아를 버리고 속죄양이 되어야 합니다. 죄책감에, 세계의 비참함에, 자신의 무지몽매함과 안이함에 울부짖고 낙담하고 비판해야 합니다. 거기서 우리는 새로 태어날 수 있습니다. 자신의 무력에 울고, 세상의 관용에 웃고, 타인을 위해 살아야 합니다. 윤리적 삶이란 연민을 최대한 많이 가지는 것이 아니라 객관적으로 성찰하고 주관적으로 행동하며 반성하고 참회하고 용서하는 것입니다. 있는 그대로의 현실을 연대의 힘으로 살아갈 수 있기를 응원합니다.

에필로그

약속

인간이 겪는 사유의 변화는 외부로부터 얻어지지 않습니다. 운명적으로 무언가가 찾아와 인간의 삶이 저절로 바뀌는 예는 없습니다. 그저 한 인간이 준비된 상태에서 필요한 자극을 찾아 변화하는 것일 뿐입니다. 이러한 이유로 독자에게 일어난 사유의 변화는 독자 스스로 만든 것입니다. 책, 대화, 글의 역할은 오로지 인간 내면의 사실을 확인시켜 주는 것밖에 없습니다. 여러분은 이미 답을 다 알고 있습니다. 그저 혼돈의 자연, 혼탁한 사회, 뒤틀린 자아로 인해서 길을 잃고 방황하는 것일 뿐입니다.

21세기의 문제는 단순히 사회와 제도 그리고 기술의 문제를 뛰어넘은 개인의 문제입니다. 지금 우리는 위대한 시대를 만드는 시민에서 멀리 떨어져 있습니다. 우리는 동성애자나 사회적 약자들에게 더 냉담해졌고, 타인에 무감각해졌으며, 그들의 비참함이 세계에 존재하지 않는 것처럼 무시하고 있습니다. 불확실한 세상으로부터 도피하고자 일확천금을 노리는 도박을 강행하고 그렇게 빚으로 삶을 마감하는, 자신이 무시해버린 비참의 피해자가 되는 사람들이 여전히 많습니다.

한국만이 유독 그런 것은 아닙니다. 지상낙원이라는 북유럽에서는 우울증이 성행하고, 동아시아에서는 사이비 종교가 성행하고, 미국에서는 총기 사고가 성행하고, 필리핀에서는 독재 정치의 그림자가 성행하고, 에티오피아에서는 내전이 성행합니다. 이 현실을 어떻게 해결해야 할까요? 자기 자신에게 진실해지고 대화하는 것 말고는 해결책이 없습니다. 그래야 인습의 벽을 뛰어넘고 나이와 성별과 신체와 재산과 문화에 사유와 인생이 좌지우지되지 않는 공중이 나타나 현실을 바꿀 수 있습니다.

우리는 존재가 어떻게 존재하는지, 어떻게 살아야 하는지에 대해 질문해야 합니다. 우리는 무지와 열패감에 굴복하지 않아야 합니다. 우리는 모든 사람에게서 무언가 배우려고 부단히 노력해야 하며, 다른 사람들의 악을 보면 그들을 비난하기보다 그들이 그럴 수밖에 없었던 이유를 찾고, 그들이 악과 단절할 방법을 고민해야 합니다. 왜냐면 우리에게는 칸트가 말한 도덕의 나침반, 예수와 아우구스티누스가 말한 외부 세계의 신이 아닌 인간 내면의 신, 곧 정언명령이 우리의 마음속에 있기 때문입니다. 그래서 우리는 남이 보지 않을 때도 노력하고, 충실하고, 고민하고, 성찰하고, 자연의 혼돈을 극복하고자 지식을 추구해야 합니다.

아직 아이라면 주변의 어른들이 성찰하고 선택하고 행동하는 것을 보면서 그들을 따라야 합니다. 매 순간의 선택에 심사숙고하고, 마음속의 도덕의 나침반을 따라 샛길보다는 올곧은 길을 택해야 합니다. 그리고 사춘기(思春期), 생각(思)하는 봄(春)을 자유롭게 날아다니며 보내야 합니다. 세계의 다양한 관점에 공감해야 합니다. 노력하기에 방황하며 자신에게 진실하기를 성찰하며 갈망해야 합니다. 이미 성인이라면 자기 진실성과 성찰 이상의 무언가가 더 필요합니다. 인습에 묶여있는 현실을 뛰쳐나와 현상을 있는 그대로 바라볼 수 있는 수련을 거쳐야 합니다. 그래야 인간은 세상에 흔들리지 않을 수 있습니다.

이 책은 저의 성찰과 수련의 과정이 담긴 제 독백입니다. 비록 논문처럼 철저하지 못하고, 수상록처럼 부드럽지 않지만, 이 책을 마침표 삼아 제 오만함을 떠나보냅니다. 바닥을 치고, 가라앉아 버리고, 벙어리가 되어버린 사람들에게 이 책을 바칩니다.

저는 이제 아는 대로 말하지 않고,
살아온 대로 말하겠습니다.

독자와 나누고 싶은 책들

20세기 아르헨티나의 작가 호르헤 보르헤스의 책 『바벨의 도서관』에 나오는 사람들은 무한한 책의 진열대에서 자기 자신을 위한 단 한 권의 책을 찾고자 합니다. 그들이 책을 통해 찾고자 하는 것은 무엇일까요?

책을 쓴다는 건, 답이 없을 것 같은 질문들에 답을 찾고자 하는 위대한 시도라고 생각합니다. 수년 전 저는 인간을 동물로부터 구별시키는 가장 큰 차이인 인간의 언어 본능에 관한 책을 읽은 적이 있습니다. 그 책을 읽으며 태어나 처음으로 제

이해력을 의심했습니다. 너무 어려워 읽는 것을 포기하고 싶었습니다. 그러나 시간이 지나 내용의 일부를 소화할 수 있었고 한동안 그 지식을 소화한 것에 대해 작은 자부심을 느꼈던 기억이 납니다.

얼마간의 시간이 지나 저는 더 중요한 사실을 깨달았습니다. 바로 누군가는 이처럼 어려운 질문을 붙잡고 수십 년간 질문하며 해답에 한 걸음 다가갔다는 점입니다. 그 끈기 있는 시도에 저는 감동하지 않을 수 없었습니다. 그 저자도 저와 다를 바 없는 평범한 인간이었지만 포기하지 않아 결국 답이 없을 것 같은 질문에 답을 찾아가고 있던 것이었습니다. 저는 단순히 지식을 얻고자 책을 읽는 제 태도를 반성했습니다.

책을 읽는 독서라는 행위는 저자와 교감하는 것입니다. 저자에게 경외감을 느끼는 것이 독서의 목적이 아닙니다. 오히려 나와 다를 바 없이 평범한 인간이 엄청난 끈기를 발휘해 인류 지성에 이바지했다는 감동적인 이야기를 시공간을 뛰어넘어 체험하는 것입니다. 마치 제가 군대 내무반에서 몹시도 힘들었던 어느 날 로마 제국 제16대 황제 마르쿠스 아우렐리우스의 『명상록』을 읽으며 수천 년의 시간을 뛰어넘어 교감하며 위로받았던 것처럼 말입니다.

책이 가진 또 다른 유익은 무엇이 있을까요? 저는 책이 백지(白紙)에 써 내려진 글이라는 점에서 희망과 용기를 발견합니다. 제게 백지에서 써 내려진 책이란, 아무것도 없는 상황에서도 방법을 찾을 수 있다는 희망의 증거입니다. 그래서 저는 책을 읽으며 인간의 무한한 용기와 도전, 창의력을 발견합니다. 이를 통해 저는 지금과는 다른 미래를 꿈꿀 수 있는 희망을 찾았습니다.

마지막으로 책만이 선사해 주는 특별한 경험이 있다고 생각합니다. 예를 들어 영화나 연극 같은 무대예술은 멋진 영상 효과와 무대 장치 등을 통해 감독이나 연출가의 의도가 아주 구체적으로 표현되어 전해집니다. 그러나 책은 오직 활자만을 제공해 독자에게 주도성을 부여합니다. 책은 독자가 주제, 입장, 감정, 생각, 상황 등에 자신을 스스로 대입할 수 있도록 합니다. 그리고 그 이야기를 독자 자신이 직접 이끌어 가기에 책은 그 어떤 매체보다도 상상력을 단련시켜 줍니다. 그 상상력은 삶에서 더 큰 가능성을 보게 해주며, 저의 경우 그 상상력이 앞이 보이지 않은 시간 속에서도 꿈을 꿀 수 있게 해주는 원동력이었습니다.

처음의 질문으로 돌아오겠습니다. 『바벨의 도서관』에 나오는 사람들이 책을 통해 찾고자 했던 것은 무엇일까요? 저는 그들이 변화를 갈구하며 그 변화를 설득해 줄 사람을 책으로 찾고 있었던 것이 아닐까 생각합니다. 저는 책의 저자들과 교감하며 외로움을 극복했고, 백지에서 창조된 책이라는 결과를 통해 앞으로 나아갈 용기를 얻었으며, 활자가 주는 상상력을 통해 주도적인 삶을 살아낼 수 있었습니다.

홈스쿨링을 통해 500권이 넘는 어제와 오늘의 고전을 읽었습니다만, 그 가운데에서도 위와 같은 특별한 변화를 제게 선물해 준 책들이 있었습니다. 그 책들을 독자 여러분께 소개하며 글을 마칩니다.

철학 (35권)

『국가』 플라톤, 숲

『메논』 플라톤, 아카넷

『삶은 문제해결의 연속이다』 칼 포퍼, 포레스트 북스

『러셀 서양철학사』 버트런드 러셀, 을유문화사

『팡세』 블레즈 파스칼, 서울대학교출판문화원

『실용주의』 윌리엄 제임스, 아카넷

『현상학과 분석철학』 박이문, 지와사랑

『철학의 재구성』존 듀이, 아카넷

『도덕의 지평』샘 해리스, 시공사

『덕의 상실』알래스데어 매킨타이어, 문예출판사

『진화와 윤리』토마스 헉슬리, 지식을만드는지식

『자유론』존 스튜어트 밀, 현대지성

『도덕감정론』애덤 스미스, 비봉출판사

『유럽학문의 위기와 선험적 현상학』에드문트 후설, 한길사

『데카르트적 성찰』에드문트 후설, 한길사

『사실과 가치의 이분법을 넘어서』힐러리 퍼트넘, 서광사

『에티카』바뤼흐 스피노자, 비홍출판사

『의지와 표상으로서의 세계』아르투어 쇼펜하우어, 동서문화사

『추측과 논박』칼 포퍼, 민음사

『교양과 무질서』매슈 아널드, 한길사

『인간이란 무엇인가』데이비드 흄, 동서문화사

『공리주의』존 스튜어트 밀, 현대지성

『수타니파타』작자미상, 지식을만드는지식

『다원주의자의 우주』윌리엄 제임스, 아카넷

『신학-정치론』바뤼흐 스피노자, 서광사

『우연성, 아이러니, 연대』리처드 로티, 사월의책

『행복의 정복』버트런드 러셀, 사회평론

『선악의 저편』프리드리히 니체, 아카넷

『인간 본성에 대한 철학적 논쟁』로저 트리그, 간디서원

『너는 너의 삶을 바꿔야 한다』페터 슬로터다이크, 오월의봄

『현대 과학 종교 논쟁』알렉스 벤틀리, 문학동네

『축의 시대』카렌 암스트롱, 교양인

『신을 위한 변론』카렌 암스트롱, 웅진지식하우스

『신화의 힘』조지프 캠벨, 고려원

『천의 얼굴을 가진 영웅』조지프 캠벨, 민음사

사회 (60권)

『액체근대』지그문트 바우만, 강

『위기의 국가』지그문트 바우만, 동녘

『방황하는 개인들의 사회』지그문트 바우만, 봄아필

『상상된 공동체』베네딕트 앤더슨, 길

『열린 사회와 그 적들』칼 포퍼, 민음사

『리바이어던』토마스 홉스, 나남

『사회계약론』장 자크 루소, 후마니타스

『인간 불평등 기원론』장 자크 루소, 책세상

『민주주의와 그 비판자들』로버트 달, 문학과지성사

『근대의 사회적 상상』찰스 테일러, 이음

『악의 번영』다니엘 코엔, 글항아리

『세계화와 그 적들』다니엘 코엔, 울력

『시민의 불복종』헨리 소로, 은행나무

『아메리카의 민주주의』알렉시 드 토크빌, 아카넷

『이사야 벌린의 지적 유산』마크 릴라, 동아시아

『불안한 현대 사회』찰스 테일러, 이학사

『대중의 반역』오르테가 이 가세트, 역사비평사

『촘스키, 사상의 향연』노엄 촘스키, 시대의 창

『문명의 붕괴』재레드 다이아몬드, 김영사

『계몽주의 2.0』조지프 히스, 이마

『실천윤리학』피터 싱어, 연암서가

『호모 이코노미쿠스』다니엘 코엔, 에쎄

『옳고 그름』조슈아 그린, 시공사

『우리 아이들』로버트 퍼트넘, 페이퍼로드

『직업으로서의 정치』막스 베버, 문예출판사

『직업으로서의 학문』막스 베버, 문예출판사

『파워 엘리트』라이트 밀스, 부글북스

『세계의 비참』피에르 부르디외, 동문

『문명의 혼성』프랭크 레흐너, 부글북스

『불타는 세계』에이미 추아, 부광

『협력의 진화』로버트 엑설로드, 시스테마

『분노와 용서』마사 누스바움, 뿌리와이파리

『초협력사회』피터 터친, 생각의힘

『나 홀로 볼링』로버트 퍼트넘, 페이퍼로드

『영웅숭배론』토마스 칼라일, 한길사

『인정투쟁』악셀 호네트, 사월의책

『사회학적 상상력』라이트 밀즈, 돌베개

『고독한 군중』데이비드 리스먼, 동서문화사

『대량살상 수학무기』캐시 오닐, 흐름출판

『미국의 반지성주의』리처드 호프스태터, 교유서가

『거대한 전환』칼 폴라니, 길

『자본의 본성에 관하여』소스타인 베블런, 책세상

『소유란 무엇인가』피에르 조제프 프루동, 아카넷

『자본주의 사회주의 민주주의』조지프 슘페터, 한길사

『가난한 사람이 더 합리적이다』아비지트 배너지, 생각연구소

『불평등의 대가』조지프 스티글리츠, 열린책들

『성장 그 새빨간 거짓말』윌리엄 이스털리, 모티브북

『일차원적 인간』헤르베르트 마르쿠제, 한마음사

『경쟁의 종말』로버트 프랭크, 웅진지식하우스

『진화경제학』마이클 셔머, 한국경제신문

『성장의 한계』도넬라 메도즈, 갈라파고스

『노동의 배신』바버라 에런라이크, 부키

『결핍의 경제학』센딜 멀레이너선, 알에이치코리아

『위대한 탈출』앵거스 디턴, 한국경제신문

『민주주의와 교육』존 듀이, 교육과학사

『페다고지』파울로 프레이리, 그린비

『평균의 종말』토드 로즈, 21세기북스

『무지한 스승』자크 랑시에르, 궁리

『나쁜 교육』조너선 하이트, 프시케의숲

『가르칠 수 있는 용기』파커 파머, 한문화

과학 (35권)

『빈 서판』스티븐 핑커, 사이언스북스

『언어본능』스티븐 핑커, 동녘사이언스

『마음은 어떻게 작동하는가』스티븐 핑커, 동녘사이언스

『우연과 필연』자크 모노, 궁리

『통섭』에드워드 윌슨, 사이언스북스

『인간 본성에 대하여』에드워드 윌슨, 사이언스북스

『지구의 정복자』에드워드 윌슨, 사이언스 북스

『풀하우스』스티븐 제이 굴드, 사이언스북스

『온도계의 철학』장하석, 동아시아

『생명의 도약』닉 레인, 글항아리

『라이프 3.0』맥스 테그마크, 동아시아

『본성과 양육』매트 리들리, 김영사

『시냅스와 자아』 조지프 르두, 동녘사이언스

『우리 본성의 선한 천사』 스티븐 핑커, 사이언스북스

『이성의 진화』 위고 메르시에, 생각연구소

『나는 착각일 뿐이다』 샘 해리스, 시공사

『자유 의지는 없다』 샘 해리스, 시공사

『우주의 구조』 브라이언 그린, 승산

『특이점이 온다』 레이 커즈와일, 김영사

『제 3의 침팬지』 재레드 다이아몬드, 문학사상

『의식의 기원』 줄리언 제인스, 연암서가

『맥스 테그마크의 유니버스』 맥스 테그마크, 동아시아

『슈퍼인텔리전스』 닉 보스트롬, 까치

『감정은 어떻게 만들어지는가』 리사 배럿, 생각연구소

『유전자와 생명의 역사』 킴 스티렐니, 몸과마음

『주문을 깨다』 대니얼 데닛, 동녘사이언스

『무로부터의 우주』 로렌스 크라우스, 승산

『마인드』 존 설, 까치

『바른 마음』 조너선 하이트, 웅진지식하우스

『생각의 지도』 리처드 니스벳, 김영사

『부정 본능』 아지트 바르키, 부키

『심리학의 오해』 키이스 스타노비치, 혜안

『행복의 가설』 조너선 하이트, 물푸레

『하우 위 싱크』 존 뉴이, 학이시습

『생각에 관한 생각』 대니얼 카너먼, 김영사

문학 (20권)

『명상록』 마르쿠스 아우렐리우스, 현대지성

『미크로메가스 캉디드 혹은 낙관주의』 볼테르, 문학동네

『헤카베』 에우리피데스, 지만지드라마

『최후이자 최초의 인간』 올라프 스태플든, 페가나

『불안의 서』 페르난두 페소아, 봄날의 책

『몽테뉴 수상록』 미셸 몽테뉴, 육문사

『베이컨 수필집』 프랜시스 베이컨, 문예출판사

『파묻힌 거인』 가즈오 이시구로, 민음사

『이것이 인간인가』 프리모 레비, 돌베개

『이반 데니소비치, 수용소의 하루』알렉산드르 솔제니친, 민음사

『데미안』헤르만 헤세, 더스토리

『인간의 대지』앙투안 드 생텍쥐페리, 펭귄클래식코리아

『차라투스트라는 이렇게 말했다』프리드리히 니체, 민음사

『변신』프란츠 카프카, 문학동네

『예언자』칼릴 지브란, 무소의뿔

『섬』장 그르니에, 민음사

『알레프』호르헤 보르헤스, 민음사

『카라마조프가의 형제들』표도르 도스토옙스키, 민음사

『이방인』알베르 카뮈, 민음사

『참을 수 없는 존재의 가벼움』밀란 쿤데라, 민음사